U0947937

QIYE CHENGZHANGLI SHUJIA
企业成长力书架

炒店

7步实现门店网点人流量激增、销量翻番

李 锋 葛 静◎著

中国财富出版社

图书在版编目（CIP）数据

炒店：7步实现门店网点人流量激增、销量翻番／李锋，葛静著．—北京：中国财富出版社，2014.10

（企业成长力书架）

ISBN 978－7－5047－5354－0

Ⅰ.①炒…　Ⅱ.①李…②葛…　Ⅲ.①商店—运营管理　Ⅳ.①F717

中国版本图书馆CIP数据核字（2014）第199586号

策划编辑	范虹轶	**责任印制**	方朋远
责任编辑	丰　虹	**责任校对**	杨小静

出版发行	中国财富出版社		
社　　址	北京市丰台区南四环西路188号5区20楼	**邮政编码**	100070
电　　话	010－52227568（发行部）		010－52227588转307（总编室）
	010－68589540（读者服务部）		010－52227588转305（质检部）
网　　址	http：//www.cfpress.com.cn		
经　　销	新华书店		
印　　刷	北京京都六环印刷厂		
书　　号	ISBN 978－7－5047－5354－0/F·2221		
开　　本	710mm×1000mm　1/16	**版　　次**	2014年10月第1版
印　　张	14.75	**印　　次**	2014年10月第1次印刷
字　　数	219千字	**定　　价**	39.80元

QIYE CHENGZHANGLI SHUJIA

企业成长力书架

编 委 会

前言

2013年年底，上海各大电信营业厅配合集团年末促销，联合手机厂商和迪信通，以“天翼年欢惠”为炒店主题，开展“欢乐购，欢乐奖，欢乐享”，从手机到业务，以全方位的优惠吸引消费者。旨在切实提升天翼3G手机的销量，强化其在手机终端领域的知名度和品牌形象。

无论是移动、联通还是电信，每逢重要节日，或是有新产品、新业务出现时，我们总能看到在各个营业厅都开展着各式各样的活动，有宣传、有优惠、有体验，等等，这些都是通过炒店来增加营业厅客流量的营销方式。

炒店虽然目前在通信行业应用得最为广泛，但它绝不是通信行业的专利。任何实体门店，无论是大还是小，无论销售的是什么产品，都可以炒店，也都需要炒店。

我们如今身处的商业环境有两大特点：从供求关系上看，产品的供给方的数量和质量要远远超过过去，绝大多数市场都是典型的买方市场，卖方之间竞争激烈，而且这种趋势目前看来还会不断持续下去；从消费趋势上看，消费者的选择多了，品位高了，需求趋向于多元化、专业化，商家满足消费者需求的难度在不断提高。也无怪乎商家纷纷感叹，生意越来越难做了。

现如今，经营店铺已经不能再只为满足消费者的基本需求，因为消费者的选择实在太多了；也不能仅仅靠高品质来打动消费者，“酒香不怕巷子深”的时代早已过去了。不能让消费者了解，不能吸引消费者进行尝试，产品再好也毫无意义。如何快速、大量地将消费者聚集到自己的店铺中来，已经成为众多经营者迫切希望解决的问题。

炒店的概念就是在这种环境下应运而生的。炒店，就是要炒热你的店铺，提高店铺的知名度，提高店铺在消费者中的人气，吸引尽可能多的消费者来光顾你的店铺，从而推动销量增长。

本书共有七个章节，分为七个步骤为你详细地介绍、讲解炒店的方方面面。从炒店的概念、事前准备、事中执行，直至最后的事后评估，希望你在看完本书后能对炒店有一个全面、深刻的认识和理解。

本书致力于用平实的语言、贴近生活的案例、详细的步骤描述来展现炒店的整体面貌。不去过多地讲解理论，而是注重实际的可操作性、可应用性，尽可能讲述全面具体的执行方案、执行方法，让你阅读完本书后能够策划出一套属于自己的、适合自己店铺的炒店方案。

当今的消费者，既是理性的，也是冲动的。只靠物美价廉，很难再抓住多数消费者的心了。当然，品质的保证仍旧是店铺良性经营的基础。但是在此之上，我们还要善于调动消费者的冲动。只有让消费者体验了你的产品，购买了你的产品，才能让他们知道你的产品有多好，他们才可能成为你的忠实客户。

炒店，正是用热烈的氛围感染消费者、调动消费者的激情、让消费者愿意去尝试的一种有效的门店营销方式。

通过本书，不仅希望你能学到关于炒店的知识和技能，更重要的是希望你能将这些知识和技能实际应用到店铺经营中去，并能为你的经营带来益处。那不只是属于你的成功，也是本书最大的荣耀。

作　者

2014 年 6 月

目　录

引　子

门店人流争夺大战唤起“炒店”

第一节 炒店概念的诞生

什么是“炒店”？炒店就是通过各种市场活动让自己的店面人气暴涨，提高店面人流量。人流量就是客流量，客流量就是成交量。简单地说，炒店表面炒的是人流量，实际上炒的是利润率。那么，到底该从何入手对门店进行爆炒，快速提升人流量，进而提升门店业绩呢？

门店营销的关键在于人流

王小姐一直想开一家饮品店，但是在选址的问题上犯了愁。黄金地段显然生意会好一些，但租金太贵，而偏僻点的地方租金虽然便宜，但冷冷清清的哪来生意呢？

后来，一个有经验的小店老板告诉她，有了人流量才能够获得利润。于是王小姐坚定了信心，在对几个地方进行了实地调查之后，她选定了一个大学的门口。这里并不属于城市的黄金地段，租金相对来说比较合适，最重要的是这里人流量很高，而且其中大学生居多，正好是王小姐的潜在顾客。但是，人再多如果对这个小店不感兴趣，根本不光顾，那也是白搭。所以，在饮品店开张之后，王小姐又通过“情侣杯半价”“周末买一赠一”等活动吸引了很多的大学生。在这些活动的刺激下，王小姐的饮品店里总是有着很高的人流量，她也获得了很高的利润。很快，她就收回了成本，两年后，王小姐就已经打算开分店了。

王小姐就是通过抓住了人流量，才使她的饮品店获得了成功。如今，门店之间的竞争如此激烈，主要就是对人流量的争夺。各种营销活动花样百出，层出不穷，其根本目的还是为了抓住人流量。只要抓住了人流量，也就抓住了市场，抓住了先机，抓住了顾客。

在一些营销情况比较好的门店中，我们可以发现一个共同点，那就是"人很多"。也许有人会认为，人虽然很多，但是很多人都只是看看，很少有人真的去买。但是，只要吸引住人流量，就说明这些人对自己的商品感兴趣了，总会有人愿意掏腰包去买这个产品。即使一百个人当中只有一个人会买，那么把这个一百转化为一千、几千，甚至上万，结果就会有着不小的利润。由此可以看出，任何门店营销的关键都在于人流。

所谓人流，就是某个时间段经过门店的人数，这些人中肯定存在着门店的目标顾客。从这个层面来说，人流量就是客流量。只有紧紧抓住了人流量，才可以使门店的业绩获得很大的提升。所以说，人流量的多少直接决定着一个门店的实际利润的多少。

为了提高人流量，很多的门店都会推出各种各样的活动，比如路演、促销等，利用人们的好奇、取巧等心理来吸引人流量。吸引住人流量，才能够进而吸引住那些会买自己产品的目标顾客。

人都有一些好奇心，一个门店里的人头攒动会吸引更多的人加入到这个队伍中来。想象一下，你看到一个店面里人山人海，你的心里肯定在想：这家店卖的什么东西，这么火爆？于是就想近距离地看一下。很多人被吸引过来后，这个门店就会更加火爆，最终吸引到更多人来到门店，从而使门店获得和目标顾客更亲近的机会。

电商的分流致使门店不得不"炒"

为什么要炒店？其中有一个很大的原因是电商大量地分流了很多的消费者。

随着互联网科技的不断发展，现在人们的生活已经越来越离不开互联网。而现在的很多消费者，特别是年轻的消费者，越来越习惯于在网上去选择自己喜欢的商品，然后在网上购买。网上购物优点很多，快捷、便宜、方便等因素使越来越多的消费者愿意从网上购买自己喜欢的商品。这对门店的运营带来了很大的冲击。

某大学的张同学就很有代表性。她在考入大学之前是一个购物狂，很喜欢去购物街或者商场去购物。自从考入了大学之后，因为自己需要在学校里上课，最重要的是，她的学校离城市的商圈太远了。在很无奈的情况下，她只有在网上买自己想要的东西。但是，在几次网购之后，她发现从网上买的东西物美价廉。更让张同学感到高兴的是，每次网购商品都能送到她所在的学校，这样就大大减少了她去商圈需要花费的时间和精力。

面对着电商强大的分流顾客的能力，很多门店老板都苦不堪言。这也致使他们选择了“炒店”的方式去和电商们争夺顾客。很多门店都抓住了电商的体验性差的缺点来进行炒店的活动。很多门店，特别是数码、健身器材等追求体验性的门店，可以开展一些大型的体验活动来和电商进行客户的争夺。举个例子，某数码相机的门店举办体验活动，消费者可以拿着自己心仪的相机拍几张照片来体验一下，而这在网上是不可能体验到的。这种很直接的体验方式很可能促成交易。

同时，其他的炒店活动也可以争夺一些消费者。在门店的门口放一些礼品，或者举行一些比较有意思的活动，都可以吸引住过往的人流。毕竟，那些礼品和门店里的人声鼎沸比网上那些图片更能够吸引住过往的消费者。

还有一些顾客因为网银支付、注册账号等这些操作太过复杂而不愿意用网购的方式去购买商品，这些消费者也是炒店时要吸引的对象。

综上所述，虽然电商凭借他的各种优势抢走了一些顾客，使顾客的人流量获得了分流，但是门店还是有自己独特的优势，通过正确的炒店活动，就可以重新夺回那些被分流的顾客，使自己门店的生意重新红火起来，最终让自己的门店获得更多的利益。

炒店就是炒人气

在成功的炒店活动中，人们总能看到火爆的现场和门店里的人头攒动，这个场景肯定比电商那些冷冰冰的成交量数据更加吸引人。对于门店来说，炒店就是炒的人气。

吴先生开了一家卖炒货的店铺，但是自从开张了之后，生意一直不是很好，这也让吴先生很苦恼。很快就要到十一的长假了，吴先生想趁着这个机会使自己的店铺打个翻身仗。于是，他就请教朋友有什么好想法。一个朋友跟他说："你不如把你的一些炒货摆到你的店面门口，举办一个免费的试吃活动，肯定生意很火。"吴先生不解地问他："我这个小店本来就已经亏损了，难道还要把产品放在门口让人们试吃，那我岂不是亏得更多？"朋友笑着对他说："放心吧，保证你亏不了。"

后来，吴先生决定就使用朋友的建议，在他的门店门口摆了很多不同种类的炒货进行免费试吃活动。这吸引了很多过往的人群，大家纷纷都上前去看一看、尝一尝，一时人声鼎沸。很多人在尝了自己喜欢的口味后，都到门店里去购买了一些。到最终盘点的时候，吴先生发现，他的门店不仅没有亏损，反而有了一定的赢利。更让吴先生感到欣喜的是，他的这次试吃活动做了一次很好的"炒店"营销，使他的店铺一下红火起来。很多人了解到了吴先生的炒货店，都纷纷光顾。吴先生的店铺的销售业绩也在逐步攀升。

从吴先生的例子中，我们可以看出，在这次炒店活动中，最重要的就是“人气”。刚开始，吴先生的门店中没有人气，所以生意不是很好。但是，随着吴先生的试吃活动，他的门店的人气一下子就飙升了，于是人们愿意去到吴先生的炒货店去购买炒货。

其他的店铺也是一样，消费者都有一定的从众心理，看到人多的店铺就总是想这家店的商品肯定不错，要不然就不会有这么多的人。其实，这家店铺的商品和别家店的也许没有太大的区别，但是消费者就是喜欢到人气较高的门店里去买那些商品。

人气就是财富，炒店的根本就是炒人气。我们在商场、购物街能够经常看到很多店铺在搞一系列的促销活动，有的店铺甚至请来一些娱乐明星来造势。事实上，他们的目的都是一样的，就是吸引住过往的行人，提高自己门店的人气。通过种种的炒店活动，就能够轻松地提高自己门店的人气，从而使消费者能够在自己的门店中购买商品，最终使自己的门店获得利润。

因此，门店老板千万不能迷失方向，只要本着“吸引顾客、炒高人气”的想法去进行炒店活动，就一定能够把消费者吸引到自己的门店里来，这样自己的店铺才会具有更高的人气，从而使自己获得更高的利润。

炒店VS促销、路演

炒店的目的就是炒人气。在很多的商场和购物街上，我们可以看到很多的促销活动，比如“某某鞋服，全场买一送一”，或者一些路演，比如某服装品牌在大街上举办“T台秀”。这些活动也可以炒高人气，那么，它们也是属于炒店活动吗？

没错，促销和路演活动可以吸引很多人驻足观看，这些活动很大程度上使门店的人气获得了提高。可以说，这些活动都是炒店的运作方式，但不是炒店的全部。对于炒店来说，绝不仅仅是促销和路演这么简单，它包含着很多种运作方式，还需要更多的计划和统筹。因此，绝不能把炒店和促销、路演画上等号。

> 张先生开了一家手机卖场，他认为促销、路演就是炒店的全部内容，于是，他经常不辞劳苦地组织、策划路演，并且经常进行促销活动。确实，这样能够吸引一些路人，但是由于他始终围绕着终端产品来宣传开展，没有重视接下来的销售环节，所以张先生的手机卖场并没有把高人气很好地转化为高业绩。一段时间后，人们对张先生的手机卖场失去了兴趣，人气也渐渐地没有以前那么高了。张先生为了重新炒高人气，又增加投入搞一些路演、促销活动，但是效果并不明显。由于路演的投入很大，张先生逐渐觉得力不从心了。

在这个案例中，张先生就是把炒店和促销、路演的概念给弄混淆了，才造成了手机卖场不断亏损的情况。其实，炒店要比这些活动复杂得多。虽然其目的都是为了提高自己店面的人气，进而让消费者能够进入门店来购买自己的产品使自己能够获得利润，但是其形式却大不相同。炒店的形式是多种多样的，其中不仅包括了促销和路演，还包括了抽奖活动、体验活动、送礼、销售、发传单等很多种形式。而促销和路演的形式就比较单一。

从门店类型上看，几乎所有的店面都可以进行炒店活动，但是有些店铺却不能进行促销和路演这样太过铺张的活动。比如古董店，可以进行一些炒店活动，但是却不能进行促销和路演这样的活动。炒店是一个比较复杂的过程，从各种活动到后来的销售，都需要仔细的计划和统筹；而促销和路演则更偏向于仅仅吸引路人的眼球，目的性很强。

从意义上来看，炒店的意义更加深远，虽然各种活动是为了让自己门店的人气更高，但是大的目的不仅是为了吸引顾客，更是为了让消费者能够选择自己的商品，购买这些商品，并以此获得利润。而促销和路演则仅仅就是为了让自己的店面更加具有人气而已。

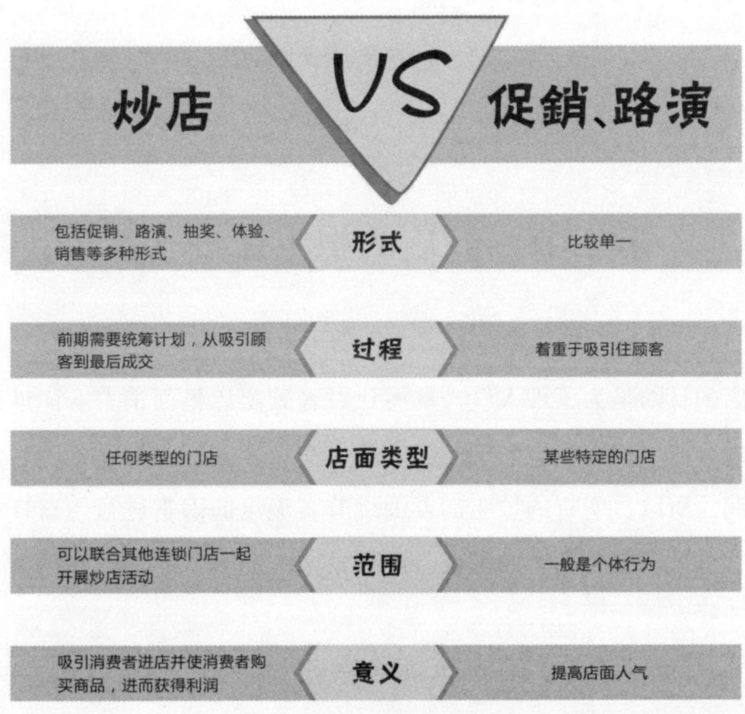

炒店与促销、路演的对比图

炒店是一个系统的过程，门店老板们必须知道、了解炒店的过程，并理解炒店的意义，才能够把店“炒”好。

第二节　炒店的根本是炒客流

炒店的目的是为了炒人气，从而让顾客到门店里面消费。而炒店的根本就是炒客流，只有客流来了，门店的成交量才能获得提升，门店才能够获得利润。所以，所有的炒店都要围绕着客流量的因素进行，这样炒店活动就能够进行得更顺利，效果就会更明显。

人流≠客流

在很多时候，门店老板会把人流和客流给搞混。其实，人流并不是客流，两者是有很大差别的。

在很多的卖场、购物街上，我们通常能看见一些店铺的人气很高，但是他们通常没有什么销量，就是因为他们没有把人流很好地转化为客流。而炒店的根本，就是炒客流，所以，门店老板要让自己的炒店围绕着客流来进行。

刘小姐开了一家女装店，她经常不辞劳苦地举办各种炒店活动，比如请人制作海报、印发传单，对店里的衣服限时打折、派发小礼品，等等。这些炒店活动确实也吸引了很多的人流量，刘小姐的服装店一直都处于客满为患的状态。刘小姐认为一定能够获得很好的利润。结果过了几个月，刘小姐一算账，发现自己的门店不仅没有赢利，反而亏损了不少，这让刘小姐很是郁闷。她决心找到原因。

在经过了一段时间的观察之后，刘小姐终于发现了原因：她店里的活动虽然很火爆，也很能够吸引人，但是她的销售人员却没有和活动衔接好。这样，即使一些消费者被炒店活动吸引，到了店里，销售人员却对炒店活动一问三不知，消费者的购买欲望也会大打折扣。

在了解情况之后，刘小姐每次在组织炒店活动的时候，都会让销售人员和负责炒店的人员好好地沟通，形成一个比较完整的炒店流程。果然，从这以后，刘小姐店面里的人就更多了，再加上员工之间的互相合作，刘小姐的店铺获得了充足的利润。

从刘小姐的例子中，我们可以很直观地看到，刚开始刘小姐虽然能够抓住人流量，但是却没有衔接好吸引人流和销售环节之间的关系，人流在被吸引来之后销售人员并没有很好地跟进，从而造成两个环节之间的脱节，最终人流量没有很好地转化为客流量。好在最终刘小姐发现了这个问题，并解决了这个问题。

在很多门店中也都出现了类似的情况，来店面的人很多，但是成交量却很低。出现这种情况的原因其实大部分都跟刘小姐的问题一样，只要在各种炒店活动进行的同时，炒店的组织人员尽量利用闲时和销售人员进行一些沟通，使其能够协调好工作，这样就能让炒店的工作更快、更有效地进行下去。

店面老板必须注意，人流并不是客流，只有让吸引人流的活动和行之有效的销售工作紧密结合，才能够让整个炒店的工作进行得更加成功，并能够把人流转化为客流，从而获得更多的利润。

从人流到销量之间的距离

前面已经介绍过了，人流并不等于客流，既然人流并不是客流，当然也就不能给自己的店铺带来什么实际的利益。因此，人流和真正的销量之间还是有一定的距离的。炒店的目的就是要通过种种活动使人流最终转化为客流，所以，只有把人流量和产品销量之间的距离逐渐拉近，店面才会获得利润。

人流被吸引来了之后，人流与销量之间的距离就是销售阶段了。既然人流已经被吸引到了门店里，这就说明他们已经有了一定的购买兴趣，也就是说成为了潜在客户。销售人员只要从心理出发，就能够成功地把商品卖出去。只有把产品给真正卖出去，炒店才有意义，因此，销售环节也同样是炒店的一个重要环节。

很多店面在成功地使自己的店面聚集了高人气的同时，却没有达成高销量的原因就是走到了“有人气，没销量”的误区。这时候，要从下面的三个方面来调整。

1. 改变自己店面里的装饰和整理产品陈列位置

很多店铺老板都有这种经历，顾客在进入店铺之后，却没有进店之前的那种兴奋了。其原因可能是因为店铺的装潢并不能够让顾客产生购买欲望。所以，店铺老板必须要根据自己产品的定位装饰好自己的店铺。此外，产品陈列的位置也非常重要。通常都是把新款的产品和卖得很火的产品放在较为靠外的位置，把促销的商品摆在商店门口或者比较显眼的位置。这是炒店的准备阶段。

2. 筛选客户

通过对顾客的观察，再通过对顾客的购买欲望、体验兴趣以及基本信息等各种因素对消费者进行筛选。对于那些有购买欲望的消费者，销售人员尽快转入销售环节，趁着消费者的购买欲望还很狂热的时候用最快的时间完成销售流程。必要的时候，可以设立一些“绿色通道”加速销售流程的进行。而对于那些购买欲望并没有那么强烈的消费者，应该用各种炒店技巧，比如抽奖、路演等挽留住这些消费者，使自己的门店始终保持着一种高人气。

3. 店外店内要配合默契

在店外通过各种炒店技巧最终聚集的人气若是没有及时地与店内的销售人员进行紧密合作，就很可能只有人气却没有销量。因此，在进行炒店活动的时候，一定要将在店内和店外的各种活动形成闭环，这样才能够让消费者进店消费，从而使自己的店面获得利润。

在炒店活动进行之前，店内人员和店外人员要经过有效的沟通，使工作协调进行，这样就能够更容易地掌控炒店的节奏，使炒店工作能够井然有序地进行。

从人流量到销售量之间的距离看似很远，实际却并不遥远。通过一定的计划统筹和各种炒店技巧的有机运用，就能够成功地把人流量很好地转化成销售量，最终使炒店达到最好的效果。

炒店的“四流三率”

通过巧妙地运用各种炒店技巧，门店老板可以轻松地吸引人流，同时，也可以成功地将人流转化为客流。这样就能够给门店创造更多的利润。而从宏观上看，一般的炒店都要遵循“四流三率”的法则。

所谓的“四流三率”，指的是一种成功的炒店过程。“四流”指的是人流、客流、销量流和销售额；而“三率”，指的是人流到客流转化率、客流到销售流的转化率和销量流到销售额的转化率。通过各种流量的一步步转化，就能够使炒店行为更加具有实际意义。

第一步：从人流量到客流量的转化

这一步需要炒店人员进行一系列的宣传活动来使过往的人流被活动所吸引。我们经常看到商场、门店在搞各种炒店活动，比如派发传单、各种促销海报的张贴、抽奖活动，有时候甚至还会有一些大功率的音响在喊。这些都是为了完成炒店的第一步，就是把人流量向客流量转化。这个转化率越高，转化为实际成交的可能性就越高。

这一步的关键在于“吸引”，通过各种活动的目的就是吸引人流量。若是把人流成功地吸引到了自己的活动现场，那就是这一步已经成功地完成了。虽然这些被吸引来的人流并不一定能够到自己的门店中进行消费，但是可以肯定的是，他们既然被吸引来了，就说明对自己的产品有了一定的兴趣。也就是说，他们有了一定的购买欲望，所以，只要接下来的工作衔接得好，是非常有可能拿下客户的。

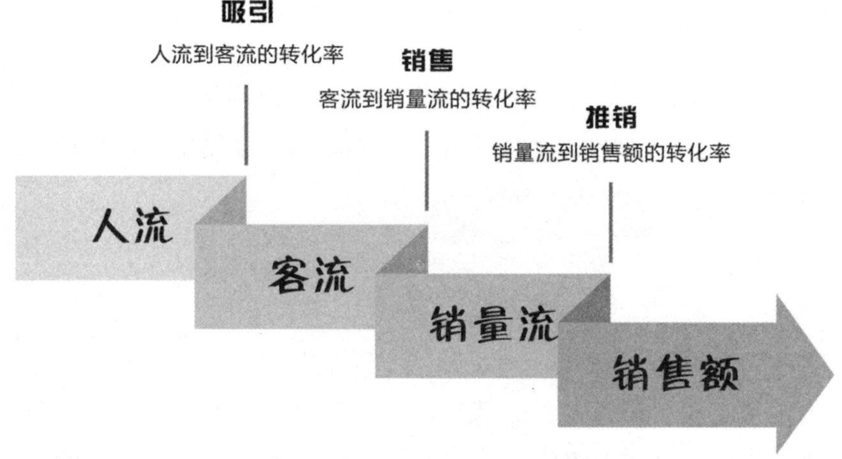

炒店“四流三率”结构图

第二步：从客流量到销量流的转化

这个步骤比较考验销售人员。销售这个环节也是炒店活动中重要的一个环节。一般来说，当客流被吸引至店内之后，就需要从销售的渠道下手，把客流量尽可能地转化为销量流。因为只有买产品的人多了，才会使店面能够获得利润。销售人员可以对顾客进行一些分类，根据消费者的购买狂热程度来有选择性地进行销售工作。通过各种销售技巧，使消费者能够成功地购买自己的产品，这样就能够使客流量到销量流的转化率大大提高。

第三步：从销量流到销售额的转化

很多人也许会说，销量上来了，销售额自然会上来。其实两者并不是一个概念。炒店的根本目的是通过这种活动来使店面获得利润，因此，只有很高的销售额才能够实现炒店的真正目的。而销量很高的同时，却不一定就能够带来销售额。因为很可能消费者都购买那些店面的促销产品，这样销量虽高，但是销售额却没有什么增长。

所以，应该让销售人员在推销促销产品的同时，适时地推销自己的连带产品。比如某手机卖场在推销促销手机的同时，也要向顾客推销一些没有促销的连带产品内存卡、手机套、手机膜，等等，这样才会使门店获得利润。

通过“四流三率”的法则，抓住每一个细节，就能够把炒店工作有条不紊地进行下去，最终提高自己的销售额，使门店老板从中获得很好的利润。

第三节　优化门店经营，将店“炒”热

炒店是一个优化门店经营的过程，门店通过各种炒店活动，就可以使自己的店铺获得足够高的人气，进而获得更高的销量。因此，门店老板应该从自己的产品出发，进行最适合自己的炒店活动。

门店销量疯涨背后的“功臣”

每一个现象都有它背后的原因。这句话本来是描述一些自然现象的，其实任何现象都是如此，已经不仅仅局限在自然现象了。而炒店现场的火爆、销量疯涨、销售额增加的现象也一样有着背后的原因，正是这些“功臣”使炒店工作能够系统地进行下去，使门店获得很好的收益。

1. 在炒店之前，一定要对目标顾客和人流分布做一定的调查

这是炒店工作的前期准备工作，而掌握这些数据是开展炒店活动的数据支持，掌握了这些数据，就能够让炒店活动进行得更有针对性，成功率当然也会更高。最重要的是，这样能够吸引到那些最有可能购买产品的消费者，他们能够被炒店活动所吸引，最终还有可能购买，这样就能够让门店的利润得以增加。

2. 炒店活动最重要的是要“火”

这并不是盲目地进行炒店活动就能够吸引来人气的，而是需要仔细地计划统筹。不可否认，任何炒店都需要有所计划，才能够达到预期的效果。

举个例子，某纪念品店要搞一次促销活动，他们没有任何统筹计划就匆忙举行。结果，把帐篷、货架、宣传海报之类的摆好之后，虽然能够吸引来一些顾客，但是当顾客询问细节的时候，炒店人员由于没有经过沟通，应答得支支吾吾，甚至有的时候还这样对消费者说：“海报上都有嘛！你自己看一下。”这直接致使很多消费者热情的减退。即使有的消费者比较狂热，愿意进店进行进一步地了解，店内的销售人员并没有和店外的人员做好沟通，当然也不能很好的跟进。这样的话，自然只能够维持很短的一段“火”的时间，很快人流就散开了。

所以，在炒店之前要做好计划。这个计划绝不只是对炒店的活动进行计划，还要对炒店的时间、炒店的对象、店外和店内炒店人员的互相协调等进行计划，这样才能够让炒店工作进行得更有条理性。这也是促成炒店活动火爆、销量疯长的背后“功臣”之一。炒店需要具体的计划和统筹，同时也需要对各个炒店人员进行培训和沟通。

归根结底，炒店活动是一个由工作人员举办的活动，所以工作人员是其中最主要的部分。在炒店工作进行之前，一定要给炒店员工进行一些培训，让他们熟悉活动的流程，并让他们熟记所促销的各种商品的属性和优缺点。同时，还要指导他们学习一些交谈技巧。除此之外，还要让各个炒店人员之间充分沟通，这样就能够将炒店的每一个环节之间形成闭环，最终让消费者能够购买自己的产品。

“台上一分钟，台下十年功”，只有把背后的“功夫”做好，才能够让炒店活动进行得如火如荼，最终还能够使销量疯涨，销售额提高。

门店营销要重塑“以客户为中心”的思维方式

现在，要做炒店活动，还有一个很重要的基本理念，就是要塑造“以客户为中心”的思维方式。以这个理念来对待每一个客户，客户才能够感觉到炒店人员的诚意，从而使顾客愿意购买自己的产品。

我们常说“态度决定成败”，而本着“以客户为中心”的思维方式就能产生一种正确的应对顾客的态度。而这种态度能够很容易地获得顾客的信任，进而愿意购买炒店人员的产品，增加门店里的销售额，使门店获得利润。无论什么营销模式，都应该本着“以客户为中心”的思维方式，让顾客能够接受自己。

赵先生是一家销售某品牌电器的门店老板。最近，赵先生想给店里的空气加湿器进行一次炒店活动，于是就制作了一个大幅的海报：某品牌空气加湿器能将室内空气湿度维持在55%。然后又对炒店人员进行了一系列的专业培训。在赵先生觉得一切都准备就绪的时候，他开始了炒店活动。

但是，炒店现场并没有赵先生想象的那么火爆，虽然也吸引了小部分的人驻足，但是却总是鲜有顾客愿意做进一步的了解，赵先生的这次炒店以失败而告终。不过，赵先生是一个比较喜欢总结的人，他向一些属下员工征求这次失败的理由。有一个店员对赵先生说：“我觉得这次炒店的主题不对，太过专业化，所以没有吸引力，我们应该以客户的角度去看待问题，这样才能够让炒店获得成功。”赵先生觉得这个店员说得非常有道理，于是准备再办一次炒店活动，不过这次要本着“以客户为中心”的思维模式来办。

这一次，赵先生把炒店活动的主题定为了“为了您和您家人的健康，请注意您的室内湿度”。果然，这个主题吸引了很多的人流量，现场异常火爆。很多人，特别是家庭主妇在向炒店人员了解到室内空气湿度的重要性之后，都觉得应该给家里配备这样一台空气加湿器。于是，赵先生店里的空气加湿器卖得非常火爆，很快就售罄了。这也给赵先生的店铺增加了很多的利润。

在这个例子中，我们可以清晰地看到，第一次的炒店活动赵先生并没有把“以客户为中心”的思维方式带到活动中去，而仅仅是一些很多消费者都看不懂的专业词汇的堆砌，所以并没有吸引来很多的客户。而第二次的炒店活动中，赵先生则是以“以客户为中心”的思维方式，把口号打得更加亲民，也获得了很好的效果。

对于一个门店来说，顾客就是上帝。“以客户为中心”不仅仅是一句口号，更加是一种营销理念，一种服务理念。只有贯彻好这个理念，才能够让顾客被你的炒店活动所吸引，才会主动去购买你的产品，门店的利润也才会获得很好的增长。

炒店的三大“借口”——节假日、促销、新开店

对于炒店活动而言，很重要的一点就是要找到一个噱头，这样才能够让自己门店有炒店的“借口”。而对于大多数的门店而言，最好的借口莫过于三个，即节假日、促销和新店开张。

1. 利用节假日炒店

这是一个比较常见的炒店“借口”，很多门店都会根据节假日来进行自己的炒店活动。但是，需要门店老板注意的是，利用节假日炒店一定要把自己的炒店活动与节假日的内容紧密结合，这样才能够吸引来人流。

比如，情人节的时候，通信运营商会推出一些“情侣套餐”，一些餐厅会推出“烛光晚餐”，而花店则会以各种玫瑰作为自己的炒店因素。到了圣诞节的时候，很多门店的门口都会出现大大的圣诞树来吸引顾客，有些门店还会请来“圣诞老人”来制造噱头。到了暑假，则是以放假的孩子们作为对象来进行炒店活动。

门店老板应该根据自己的产品选择好最适合自己产品的节假日进行炒店。若是一家糕点店，那么他的炒店节日应该就是在中秋节，因为那个时候吃月饼；而若是玩具店，那他的炒店时间应该就是暑假和圣诞节，因为暑假的时候孩子们都放假在家，而在圣诞节的时候需要送礼物给自己的孩子。只要灵活利用各个节假日，就一定能够做好自己的炒店活动，给自己

的门店带来商机。

2. 利用促销炒店

促销活动应该是所有的炒店“借口”中用的最多的，也是最有效的。因为促销无论什么时候都可以进行，而且对于普通的消费者而言，看到自己平时心仪的商品如今成了促销商品，价格大降，肯定会心动。

但是促销活动也不能盲目举行，要根据时机。比如很多服装店都会在换季的时候举办“换季大清仓”的促销活动。这就是一种很会抓住时机的表现。在换季的时候，人们都需要根据气温来适当地增减衣服，而这时候正是他们做促销的黄金时间。因为服装店这个时候做促销一方面可以清空自己的库存，减轻资金周转的压力，另一方面可以利用做促销活动的人气来推销自己的换季新款，可谓一举两得。

对于促销来说，最重要的就是抓住自己产品的特点，然后根据实际情况制订好计划，就可以让促销活动顺利进行。

3. 利用新开店来炒店

利用新店开张的机会来进行炒店活动同样是一件很常见的炒店“借口”。在现实生活中，我们经常看到很多店铺一开张就进行“开业庆典”之类的活动，这就是巧妙地利用了店铺开业的噱头进行炒店。

对于一家新开业的店铺，消费者总有一定的猎奇心理，他们总想知道这家店铺卖的是什么产品，产品的质量、品相如何，等等。店铺老板正好可以利用人们的这种心理进行自己的炒店活动，从而炒高自己店铺的人气，并通过优质的服务来让客户获得良好的体验。这样做不仅可以让自己的店铺赚到第一桶金，还能够把很多客户发展成回头客，使店铺能够长久发展。

炒店必须规避的八大误区

在炒店活动中，除了要做好背后工作、看准时机、仔细统筹计划外，还要注意不能让自己的炒店活动陷入误区。若是陷入了误区，就会让炒店的方向发生改变，从而让自己的努力没办法获得成效，就更别提获得利润了。

下面，我们列出了炒店最常见的八大误区，以供让店铺老板能够及时发现自己炒店活动中的误区，从而规避它们。

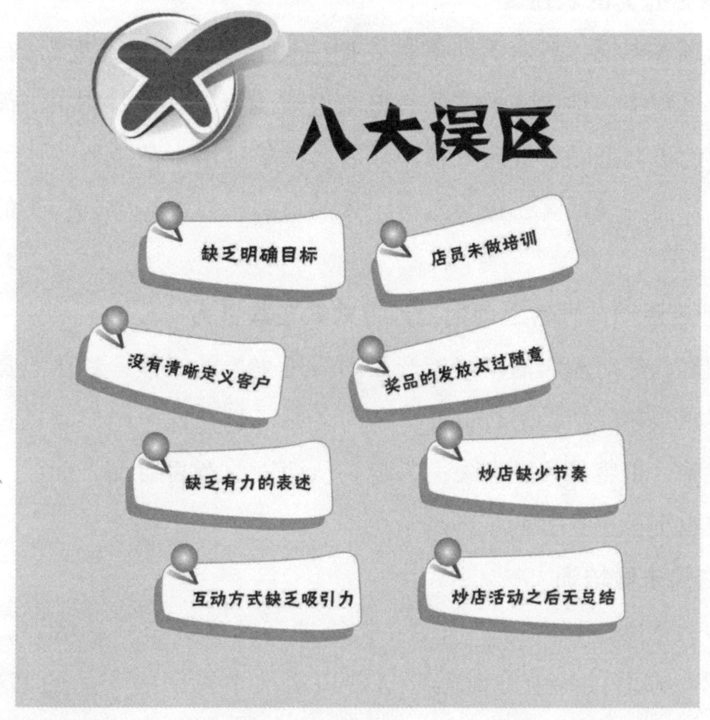

炒店活动中常见的“八大误区”

1. 炒店营销活动缺乏明确目标

无论做什么事情，都需要有一个明确的目标，否则做事就会显得杂乱无章。炒店活动也是如此。从根本上来说，炒店的目标是通过各种方式让顾客进入店里购买产品，从而获得利润。而在实际操作中，炒店活动可以分为三类：销售提升类、流量经营类和客户经营类。这三类炒店活动没有任何关系，所以它们各自的目标也不相同。炒店者需要从中间找出自己需要炒店的类型，从而确定它的目标。

2. 没有清晰定义客户

任何产品都有它的潜在需求客户，炒店人员一定要根据自己产品定位好自己的客户群。然后再根据不同的客户运用不同的沟通技巧和营销手段，这样就能够更加有成效地抓住客户，使他们购买产品。

3. 缺乏有力的表述

对于顾客来说，炒店活动就是要把他们吸引进店里，进而购买产品。而在这个过程中，炒店人员需要有力的表述能力，这样就能用最简洁、最有说服力的语言把顾客进店里参加炒店活动的理由，甚至购买产品的理由说清楚，从而打动顾客，也会赢得顾客的口碑，使顾客感到购买的产品物有所值。

4. 炒店活动与顾客之间的互动方式缺乏吸引力

当顾客已经对炒店活动或者产品本身感兴趣的时候，炒店人员需要对能使顾客感兴趣的活动进行设计。因为若是一旦在这个时候互动过程变得无趣、乏味，很容易让顾客失去兴趣，从而不愿意再参加下面的一系列活动，肯定也不会愿意去购买产品了。

5. 店员未做培训

在炒店活动进行之前，一定要先给炒店的店员做一个培训。这个培训是指两个方面，一个方面是要求炒店店员掌握一些产品的基本情况，了解这次炒店的活动过程。另一方面是对店员专门话术的培训，让他们能够运用出色的话术吸引到顾客，然后给自己的店面增加人气，最终促成消费。

6. 奖品的发放太过随意

在很多的炒店活动中都有给客户发放奖品的环节，但是这个奖品也不是随便就能够发放的，这同样需要炒店人员注意。因为若是发放的奖品太过随意，不符合顾客的关注点，就会影响到顾客的体验。最好的办法就是让顾客觉得自己的奖品是通过自己的“汗水”换来的。比如某化妆品门店进行炒店活动，活动内容是把一些网球扔到远处的一个筐里就可以得到一支护手霜。这样，很多人在拿到奖品之后，就会觉得很有价值感。

7. 炒店缺少节奏

炒店是可以增加店面的人流量，给店面带来利益，但是门店老板绝不能把这看成是解决业绩问题的唯一办法，天天做炒店活动。这样不仅会浪费很多的资源，还会让顾客产生疲劳。门店可以有节奏地针对一些特殊的客户进行一些小规模的炒店活动，而大规模的炒店活动必须少举办，这样顾客才会买你的账。

8. 炒店活动之后无总结

在每一次的炒店活动结束之后，都会有很宝贵的经验需要每一个炒店人员进行总结。通过总结炒店活动，就可以找到自己的优势，从而发扬；也会发现自己的不足，进行改正。这样在下一次的炒店活动中就会觉得更有经验，做起来就会游刃有余。

炒店不可忽视的五大原则

在举行炒店活动的时候，还必须遵循一定的原则，这样就能够让炒店活动进行得更加井然有序，更加有效。而炒店的原则一般有五个。

1. 目的性

这个目的性有两重意思，一方面，对于门店而言的。一个店铺要进行炒店活动，它的目的绝不仅仅是做品牌推广和店面宣传，而是要让消费者进入店铺进行消费，从而获得利润。另一方面，对于具体的炒店而言，这个目的性主要是指要让炒店达到什么样的规模。这样就能够让炒店活动一直受门店的控制，向着一个正确的方向前进。

2. 针对性

每个商圈的实际情况不一样，顾客的消费习惯也不一样，店铺的实际配备等因素的不同都导致了在炒店活动进行的时候还需要有一定的针对

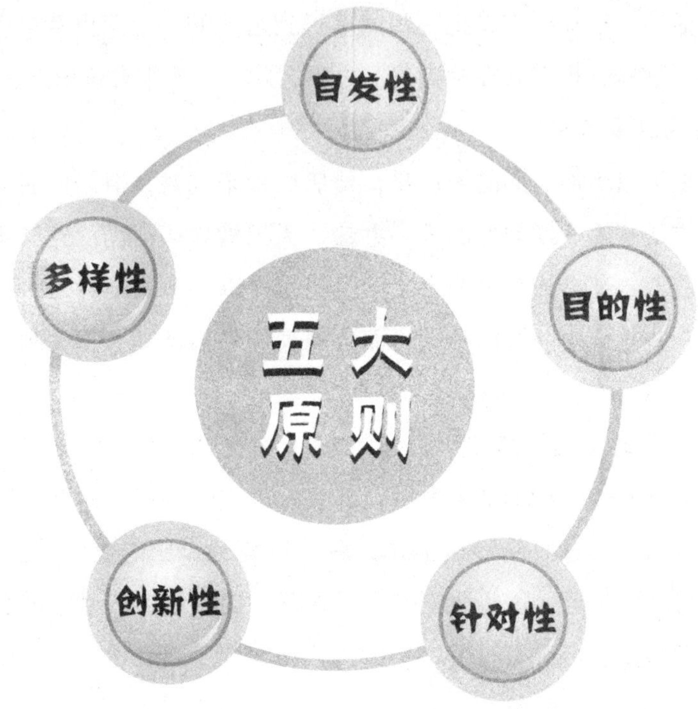

炒店的五大原则

性。通过前期的对商圈、周围的环境、消费者的消费习惯等进行调查之后，有针对性地制订炒店计划。在炒店活动进行的时候也要根据不同的顾客实行不同的营销策略，消费者就能感觉到自己受到了重视，就会愿意去购买产品。

3. 创新性

现在的社会是一个创新型的社会，人们的需求一天一个变化。要想让自己的产品和炒店活动跟上时代的变化，就必须创新。炒店人员要从炒店的形式上和内容上实现创新，才能够吸引住现在越来越挑剔的顾客，并激起他们的购买欲望。同时，炒店形式和内容的创新还会提高自己门店的知名度，获得不错的口碑。

4. 多样性

在炒店的形式和内容上，不仅要实现创新，还要尽量提高它的多样性。形式单一的炒店活动最容易让消费者厌倦，所以应该从多方面去进行炒店活动。比如在进行路演的同时，还举行抽奖、赠送礼品、炒店人员讲解等各种炒店形式。同时，在炒店动机上也要实行多样性，比如根据热点的信息、节假日和助推活动等，不断地转变炒店形式，增加炒店内容。

5. 自发性

要把这种炒店活动形成常态，在周末、节日等时候自发地、有规律地进行炒店活动，这样不仅销售者能形成一种习惯性，消费者也能形成一种习惯性。比如某水果店每周末梨子都会有特价活动，人们就形成了一种意识，就是每周末的时候到那个水果店去买梨子。这就是自发性的炒店所带来的好处。

传统门店开“炒”的五个关键环节

为什么要把炒店称之为“炒店”？因为炒店的目的是为了把店给炒热，这样才能够给自己的门店带来收益。而这个过程和炒菜极其相似，炒菜分为选口味、备料、温锅、热炒和加料五个环节，这五个环节也可以类比为炒店的五个环节。

1. 选口味

选口味其实就是选定一个适合的炒店方案，这是非常重要的一个环节。一个炒店方案的好坏直接影响到炒店活动能够造成怎样的效果。在选择方案之前，炒店人员需要将自己所处的环境、自己所能够利用的资源、消费者的消费习惯等因素作为选择炒店方案的重要参考因素，这样才能够选择出最适合的炒店方案。

2. 备料

在炒菜的时候，备料是很重要的，因为要有菜、有油、有各种调味料才能够炒出一盘色香味俱全的菜肴。炒店也是一样，必须要把所有的炒店活动所需要的东西都配好了，才能够进行炒店的活动。如果说选择方案是

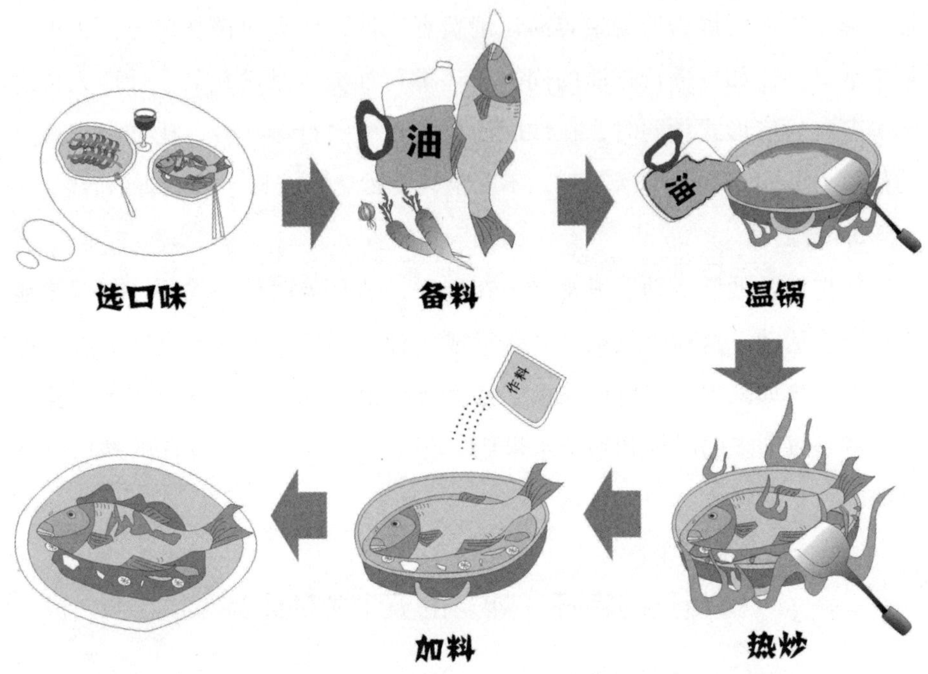

传统门店炒店的五个关键环节

炒店活动的软件的话，那么备料这个环节就是炒店活动的硬件。

备料需要从很多方面去考虑，除了必备的如帐篷、路演舞台、礼品、传单、海报、抽奖用品等这些东西之外，还需要对炒店人员进行筛选。尽量根据每个员工的不同特点把他们安排在不同的岗位上，使他们都能够发挥出最大的能力。同时，选场地也要选择一个好的地方，尽量选择那些人流量较大的地段，这样更加有助于自己产品的宣传和销售。

3. 温锅

这一环节主要说的就是预热的过程。在炒店活动进行之前，做好前期的宣传预热是很重要的。因为这种宣传可以给炒店活动带来人气。门店可以通过店门口的 LED 显示屏、店内海报、传单、自己门店的微信、微博等渠道给这次炒店活动进行预热。在商业街上，我们经常能够看到很多店面的门口贴着这样的标语："据 × × 上市开抢，还有 × 天"。这就是一种预热的过程。

4. 热炒

这个环节就是炒店活动的最重要的环节——炒店现场了。在这个环节中，每一个炒店工作人员都要保持一颗冷静的头脑。在炒店现场，炒店人员要竭尽所能把现场气氛给炒热，这样就能够吸引更多的人流加入进来，从而让炒店活动更有成效。在炒店现场还需要注意的是炒店人员需要互相协调好，让炒店的每一个环节之间形成闭环，目标顾客能够在销售人员的引导下直接转化为现实客户，进而增加门店的收益。

5. 加料

加料的过程在炒店过程中就是总结和积累。在炒店活动进行之后，门店需要召集所有的炒店人员进行讨论和总结，每一个人员说出自己对这次炒店活动的看法，这样也可以在以后的炒店活动中进行改进。在下一次的炒店活动中就有了重要的参考依据，成效肯定就会更好。

这五个环节环环相扣，最终使整个炒店活动能够更加有条理地进行下去，最终使门店获得很好的利润。

爆炒人流，提高销量的炒店“七部曲”

炒店不仅炒的是客流，更是人流。在整个炒店过程中，每一步都需要仔细地统筹计划，才能够使炒店工作有条不紊地进行下去。而对于一般的炒店活动而言，需要从七个步骤去进行炒店活动，从而提高销量。

1. 前期的准备工作

“充足的准备是成功的基础”，就像一座大楼需要打好根基一样，炒店活动也需要一定的“根基”才能够进行下去。而这个“根基”就是指前期的准备工作。这个准备工作需要店铺老板统筹整个炒店团队从自身和外部两个方面去做。自身的方面就是明确自己这次炒店的目的，并给自己定下一个目标。而外部的准备工作就是指对各种情报数据的调查和分析。根据这些实际情况，才可以进行下一个步骤。

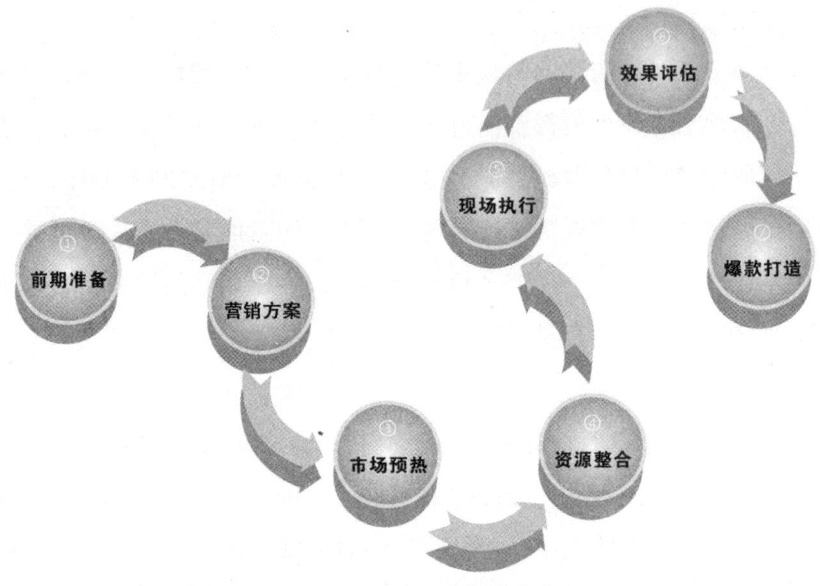

炒店“七部曲”可以提高销量

2. 确定营销方案

行之有效的营销方案是指导此次炒店活动进行的基本思路，所以营销方案的确定至关重要。这个营销方案既可以自己确定，也可以把别人的营销方案直接拿来就用。但是，需要注意的是，必须要根据在准备工作时收集来的各种实际数据作为理论基础。这样提出的营销方案才会更加具有可行性。

3. 市场预热

市场预热其实就是对此次炒店活动进行宣传。店铺老板可以通过各种渠道对自己的炒店活动进行宣传。既可以是发传单、张贴海报这样的传统宣传方式，也可以利用互联网、报纸、广播和电视这样的大众传媒方式进行传播。比如某品牌电脑店就曾在报纸上刊登过这样一则广告：“×月×号，我们的电脑集体放价，仅此一天！”这样就给炒店活动进行了一定的造势，从而让炒店活动进行得更有人气。

4. 对资源的整合

门店所拥有的资源是炒店活动的硬件，所以炒店人员应该对这些已有的资源进行适当的调配利用，这样就能够使炒店工作不会因为在进行的过程出现缺东少西的现象。同时，炒店人员还需要营造出一种很狂热的炒店气氛，以吸引更多的人流加入进来。

5. 炒店现场的执行

当一切都准备妥当之后，就要进行炒店的现场活动了。炒店的技巧有很多，路演、促销、体验等，都可以是炒店过程中的表现形式。炒店人员需要做的就是利用好这些炒店技巧，让他们能够吸引更多的消费者。这其中，店内人员和店外人员需要协调好彼此的工作，在一些消费者被店外人员给说动了之后，店内的销售人员要及时跟进，通过各种销售技巧使这些消费者能够在店内购买产品。

6. 效果评估

这是炒店现场之后对这次炒店的一次总结，通过对这次炒店活动的总结，我们就可以知道这次炒店活动的得失。通过对炒店现场的销售额、销售量的直观分析可以轻易得知这些数据背后的哪些东西可以发扬，而哪些东西必须抛弃。

7. 对爆款的打造

在炒店的同时，还要制造一些噱头来吸引顾客。在很多的店铺中，我们可以看到一些商品被打上了“爆款”的标签。比如，某相机专卖店里有“某明星同款相机”，而衣服店里则会标出“今夏最流行款式”。人们都有一定的从众心理，看到这些商品，就会有这样的想法：既然那么火爆，那么我也试试吧。这样就制造了商机。因此，对爆款的打造也是在炒店活动中很有必要的。

第一章

炒店“七部曲”之一——前期准备

第一节　市场调研

在炒店工作进行之前，必须要进行一定的准备工作，市场调研就是其中非常重要的一项内容。在进行市场调研的时候，要全面考虑，从所在的商圈、所面对的客户群，还有自己产品和促销方案等方面进行考虑，利用这些调研数据，就能够给炒店活动的统筹计划提供数据支持。

商圈分析——你的优劣势是什么

任何门店要想做一次成功的炒店活动，首先要做的就是对市场进行一定程度的调研。而对市场的调研中最先要做的就是对自己门店的商圈进行分析。而对商圈的调研分析主要是分析出自己的店铺在这个商圈中处于什么样的位置，从而找到自己的优势和劣势。然后利用自己的优势来使自己的炒店活动进行得更加顺利，而对于劣势，则在炒店活动中尽量避免。

韩小姐在一个商圈中刚开了一家化妆品门店，她很想利用新店开张的机会来进行一次大规模的炒店活动。于是，她先对自己所在的商圈进行了调查和分析。在一段时间之后，韩小姐发现，自己的门店虽然开在了商圈中最繁华的地段上，人流量比较大，但是店面附近已经有了好几个化妆品的门店，竞争比较激烈。

韩小姐在了解了这些情况之后，就跟其他筹划炒店的人员说明了这一点，然后让每个人说出自己的意见。根据自己所处的商圈人流量大的优势和竞争力大的劣势的实际情况，很多人都提出了自己的见解。经过一番讨论之后，韩小姐最终敲定了请模特来现场使用自己的化妆品，然后对使用前后作对比的大胆创意来进行炒店活动。

接着，她就开始为这次炒店活动做预热。终于到了炒店活动的当天，韩小姐和她的炒店团队策划的这个活动取得了很大的成功，人们都纷纷到韩小姐的店里去购买这款化妆品。就这样，韩小姐做成了一次非常成功的炒店活动。

在韩小姐的案例中可以看到，韩小姐的店铺之所以能够在这次炒店活动中表现得如此出色，最主要的原因就是她事先做了一定的商圈的调研和分析。在分析之后，韩小姐总结出了自己店铺的优势和劣势。优势就是处于商圈繁华地带，人流量很大，可以有利于开展炒店活动。而劣势则是附近的同行店铺很多，竞争力大。

根据这个结论，韩小姐决定请模特来用化妆品，然后对使用前后作对比的炒店策略就非常具有针对性，因为这样不仅能够吸引眼球，而且这种大胆的创意能够在这些竞争对手的各种炒店活动中脱颖而出，不会让人们感到审美疲劳。虽然成本较高，但是事实证明她的回报要比成本高得多。

对于任何店铺都是如此，要想使自己的炒店活动能够获得很好的成效，对周围商圈的调查和分析是必需的，因为只有这样才能够找到自己的优势和劣势。根据这些优势劣势就能够制定出最适合自己的炒店策略，从而使自己的炒店活动能够吸引到人流，使店铺获得极好的收益。

客户分析——你想把谁“炒”进店

除了对商圈要有一定的调研分析之外，要想使自己的炒店活动获得预期的效果，对客户的分析也是非常重要的。客户也是分为很多种的，通过对客户的分析，可以明确自己对目标客户的定位，从而知道自己究竟需要哪一种客户。

从炒店的根本目的来说，就是要把客户“炒”进店，从而购买店内的产品。而对于那些很难搞定的客户而言，炒店人员即使费很大的气力，也不一定能够说服他们购买商品。与其如此，还不如把精力放在那些更加容易搞定的客户身上，这样就能够用最少的力气来取得最好的效果。那么，哪些客户更加容易搞定呢？这就需要炒店人员对客户进行详细的分析。

一家健身器材店的老板曾先生是一个做事比较谨慎的人，他准备对自己店铺里的一种跑步机进行一次炒店活动，为此，他让自己的店员对客户进行观察分析。一段时间后，他的店员告诉他，一般买这种跑步机的大多都是年龄在30~50岁的男士。因为这个年龄段的男士正是处于他们事业最鼎盛的时期，没有充分的时间去进行户外运动。为了保持一个良好的状态，他们往往就会买一些健身器材放在办公室或者家里，利用零碎的时间来进行一些锻炼。

在对客户进行了充分的了解分析之后，曾先生决定就针对这个群体展开一次大规模的炒店活动。他把这次炒店活动的主题定为“利用跑步机向你的啤酒肚宣战!”果然吸引了很多男士的眼光。他们在向炒店人员进行了一些了解之后，就纷纷解囊，购买跑步机。曾先生通过这次炒店活动获得了很大的利润。

曾先生的成功之处就在于他在这次的炒店活动进行之前对客户进行了仔细地调查和分析，准确地定位了自己的目标客户。并且专门针对这些目标客户进行宣传和炒店活动，于是他的这次炒店活动就获得了成功。

客户是所有炒店活动的中心，因为归根结底，炒店活动就是为了赚取更多的销售额，而这些销售额就来源于客户。通过对客户的观察和分析，就可以知道哪些客户比较容易说服，而哪些客户不太容易说服。从那些可以说服的客户下手，就能够取得事半功倍的效果。虽然有句话说“没有推销不出去的产品，只有推销不出去产品的推销员”，但是若是把产品介绍给那些最有可能购买的客户，就能够节省很多的时间和资源。

客户分析是炒店活动中不可或缺的一个部分，它也是市场调研中很重要的一个环节，需要每一个店铺老板重视。做好客户的调查分析，会给自己的炒店活动带来意想不到的收获。

产品分析——你拿什么“炒”

在进行了商圈和客户的调查分析之后，还需要对自己的产品有一定的分析认识，这样才能够向顾客介绍好自己的产品。所谓“知彼知己”才能“百战不殆”。对自己产品的分析也是至关重要的。

对产品的分析要从两个角度去进行。第一个角度是普通意义上的对自己产品的外观、配置、如何使用等进行一系列的研究分析。第二个角度是要站在顾客的角度上去分析自己的这件产品，找出它的卖点，这样才能够保证顾客会被自己说服从而购买产品。

钱先生是一家数码用品店的老板，最近，他筹划举行一次炒店活动。在炒店活动还没有正式举办的时候，他要求店员必须对自己所“炒”的商品进行一定程度的了解，并需要找出商品的卖点。在一段时间的培训之后，钱先生的炒店活动开始了。

由于钱先生的这次炒店活动并没有大规模的进行，所以在钱先生的炒店现场停留的顾客看起来并不是很多。但是，在这次炒店活动结束后，钱先生发现这次炒店活动还是给门店带来了很大的收入。

原来，由于钱先生在前期对店员的要求，所以店员对自己的产品以及产品的卖点都有了一定的认识。当有顾客来光顾炒店现场的时候，炒店人员能够流利地介绍自己的产品，并把产品的卖点跟顾客讲清楚，从而打动顾客购买自己的产品。同时，这种对自己产品的了解也会给顾客留下专业的印象，赢得顾客的好感。

钱先生的例子不是个例，在所有的炒店活动中，都需要炒店员工对自己的产品有一定的了解。否则，有的顾客即使对产品有一定的兴趣，当他们想做进一步了解的时候，炒店人员不能够很好地对产品进行描述，也会使消费者的购买欲望大打折扣。因此，炒店人员对自己的产品有一定的了解对于炒店活动而言是绝对有必要的。

在炒店活动中，各个环节的策划固然是重要的，然而，引导消费者最终购买商品的还是那些炒店人员。没有人仅仅是在看到路演、促销、抽奖这些炒店技巧之后就直接去店内购买产品的，他们只是被这些炒店技巧给吸引来了，然后再向店员咨询之后，对产品的情况和促销的细节有了一定的了解，才会决定是否购买。所以，对于店员来说，不仅要对炒店活动的过程有所了解，还要对产品也有一定的了解，这样才能够诱导消费者向购买的方向前进。

对于消费者而言，他们之所以购买产品，是因为他们对这件产品有需求。所以在炒店人员向消费者介绍产品的时候，也需要从这点出发。了解顾客的需求之后，根据消费者的需求来推销产品，这样才能够使自己的产品获得更好的销量。

促销分析——你准备怎么“炒”

在对一些客观环境有了一定的了解之后，就需要根据这些客观的环境来制订自己的炒店计划。这也是非常重要的，因为炒店计划的制订可以让整个炒店计划更有方向性，成效肯定也会更好。

促销分析最好的办法就是把每一个炒店人员都聚集到一起，大家在互相交流了各自所掌握的信息之后，就可以根据这些信息提出自己认为最好的炒店计划。最后再把这些计划拿上台面来进行讨论，最后找出最合适的那一个，对其进行优化。这样做既能体现出门店老板对员工的尊重，还能够发挥出团队的作用，提出最优化的炒店计划，可谓是一举两得。

在制订计划的过程中，最重要的就是要切合实际情况。很多失败的炒店活动就是因为盲目跟风，没有根据实际情况，没有定位好目标客户，最终只能以失败而告终。开手机专卖店的程先生就是一个这样的例子。

程先生在一个数码城中开了一家某品牌的手机专卖店。他看见在数码城中的一个手机店进行了一个炒店活动，活动的大致内容就是买他的手机就送一件小的饰品，小饰品上有该品牌的LOGO。程先生觉得这是一个很好的创意，于是决定效仿这次活动也办一次类似的炒店活动。

事不宜迟，他没有做任何调查，也没有做任何筹划，就匆匆买进了许多的小饰品，并印上了自己的品牌LOGO，并很快开始了自己的炒店活动。但是，令程先生没有想到的是，这次炒店活动并没有取得预期的效果，没有吸引来很多的顾客，销售额也很惨淡，结果只能以失败而告终。这个结果让程先生百思不得其解，为什么别家的炒店活动这样办就大获成功，而自己这样办却只能尝到失败的苦果呢？

其实，这是因为程先生没有仔细地筹划，导致了这样一个结果。一方面，程先生的这次炒店活动距离上一次的炒店活动并没有过去多长时间，所以程先生的这次炒店活动只能引起顾客的审美疲劳，甚至厌恶；另一方面，那家店铺赠送的小饰品是手机厂家定制的，跟手机很搭配。而程先生的小饰品则是临时购买的，根本就没有想到过要搭配手机的事情。所以，这次炒店活动最终只能是吞下失败的苦果。

由于没有事先筹划，导致了炒店活动的失败。若是程先生在模仿别人的炒店模式之前能够仔细地筹划一番，根据自己店铺的实际情况拿出的炒店方案肯定要比这次的炒店方案好得多。所以，店铺老板一定要吸取程先生的教训，在每次炒店之前都仔细地统筹计划，这样才能够使自己的门店获得更高的利润。

第二节 你炒店的目的是什么

和所有的营销活动一样，炒店活动也必须要有一个明确的目标，也就是说，必须找到自己炒店的目的是什么。这样就能够让自己的炒店活动一直向着这个目标前进，不会走向偏路。而且，炒店活动有了一个明确的目的，也更加有利于制订炒店的具体计划。

炒店的两个目的：聚人气，促销售

在市场上流行这么一句话：“人气就是财气。”对于炒店而言，聚拢人气的确是他的目的之一，在聚拢人气的同时，还能够营造一种气势，而这种气势能够在推动自己产品快速被消费的同时，提升自己的店面知名度，从而使更多的消费者知道自己的店铺，愿意来自己的店铺购买商品。

苹果的 iPhone 4S 发售的时候，很多苹果的体验店都举办了限量供应的炒店活动，狂热的果粉为了能够早日买到心仪的 iPhone 4S，甚至带着铺盖和干粮到苹果体验店的门口彻夜排队。这次炒店活动也获得了极大的成功，因为当时不仅每一个苹果体验店里的 iPhone 4S 都售罄了，让苹果体验店的老板们都获得了很好的利润，更重要的是，他们通过这次炒店活动获得了很高的人气，让更多人认识到了苹果。

这次的炒店活动带来了一系列的连锁反应。从此之后，苹果和它推出的每一件产品都让人们趋之若鹜。在中国，苹果几乎成了时尚和高端的代名词，很多年轻人以用上苹果产品而自豪。可以说，苹果的炒店活动达到了很好的聚拢人气和营造气势的目的，它的炒店是非常成功的。

而炒店活动除了为聚拢人气之外，还有一个非常重要的目的，就是促进销售。销售不仅是一个过程，更是一个结果。而炒店活动的根本目的，就是要增加销售额，最终赢利。炒店活动从根本上来说就是一场营销活动，而营销活动就是一种提高知名度的活动，在炒店活动进行的过程中，就可以提高门店的知名度，树立一个良好的形象。

与此同时，销售作为炒店活动中的一个辅助过程而存在。可是，从炒店活动的整个流程来看，销售又是一种结果和目的。因此，销量和销售额已经成为了衡量炒店活动是否成功的最重要的一个标准。

任何店面之所以存在，就是为了通过这个店面而获得利润，而炒店活动是店面举办的通过各种技巧和手段来提高人气的过程。而这个过程当然也是为了赢利这一根本目的而存在的。怎么通过炒店来获得利润呢？当然就是通过销售来提高销售额获得利润。

这就是炒店活动的两个目的，聚人气和促销售。聚人气是为了营造气势，打出自己的品牌；而促销售是为了吸引更多的客户，从而让自己的门店获得更多的利润。炒店人员通过对这两个目标的明确，就可以使自己不会偏离轨道，从而少做无用功。

店面目标客户分析

店铺之所以进行炒店，就是为了吸引客户，可见客户在炒店活动中的重要地位。而经过仔细地观察和分析，选定自己的目标客户也显得至关重要。所谓目标客户，是指那些对产品有一定的购买需求，也就是最有可能成交的客户。而这些最具消费潜力的客户，一般分为下面四种类型。

第一种类型：经常性地或者大量地购买这种产品的顾客。比如有的顾客喜欢吃榛子巧克力，那么他就会一直购买这种巧克力。

第二种类型：刚刚有能力购买某种产品的消费者。比如那些事业刚刚有了些成就，有能力买得起自己心仪的汽车的年轻人。

第三种类型：对所需要的产品有着很强的要求和期望值的顾客。比如有的女性有能力，也希望买到一些奢侈品。

第四种类型：一些产品的早期使用者，他们已经对这种产品拥有了一种感情依赖，所以需要购买这种产品。比如任天堂游戏机的忠实粉丝。

根据对目标客户的这些特点的观察，在炒店活动中，炒店人员和其他的一些营销人员就可以通过观察和一些交流技巧来找到自己的目标客户，然后再根据目标客户的分类给客户定位，进而使用不同的销售技巧让客户最终实现交易。

某办公耗材店的店员小刘就是一个善于对目标客户进行分析的人，他的这种工作能力经常能给自己带来很高的收入。一次，老板要举办一次炒店活动，主要是促销店里的爱普生品牌的投影机和打印机。这次炒店活动吸引了一些商务人士前来购买。

这是小刘在活动中的一幕。他看到一个顾客正在仔细观察一个打印机，就上前去询问：“这位大哥想要什么样的打印机?”那个顾客就说：“我们公司需要一个比较耐用的打印机，你们这儿质量最好的是哪一款?”小刘一听，立即知道了这是目标客户中的第三种，于是他连忙对这个顾客说：“当然，我们用来参加这次促销活动的全是爱普生的，质量肯定过关。我们这里有几款功能都非常强大，我给你介绍一下。”说完，他就带着这名顾客向店内走去。果然，过了一会儿，这名顾客购买了一台打印机。在这次炒店活动中，小刘的个人业绩是最好的。

小刘就是由于对目标客户进行了充分地分析和了解，才使自己能够获得很好的业绩。他的例子绝不是个例。若是门店老板能够像小刘一样对目标客户进行一定的了解和分析，就可以根据目标客户的实际情况制订出更加完美的炒店计划，而通过有针对性地对炒店人员进行培训，也可以更多地培养出像小刘这样的人才，从而提高销量，最终获得更多的利润。

存量客户 VS 潜在客户 VS 新增客户

一般来说，客户分为存量客户、潜在客户和新增客户三种。在炒店活动中，对这三种客户有一定的了解可以使自己在炒店活动中能够更好地把握客户，最终使顾客能够到自己的门店里消费。对于任何门店来说，对客户的分类和了解都是有必要的。对于这三种客户，在炒店活动中应该用不同的炒店营销手段来应对。

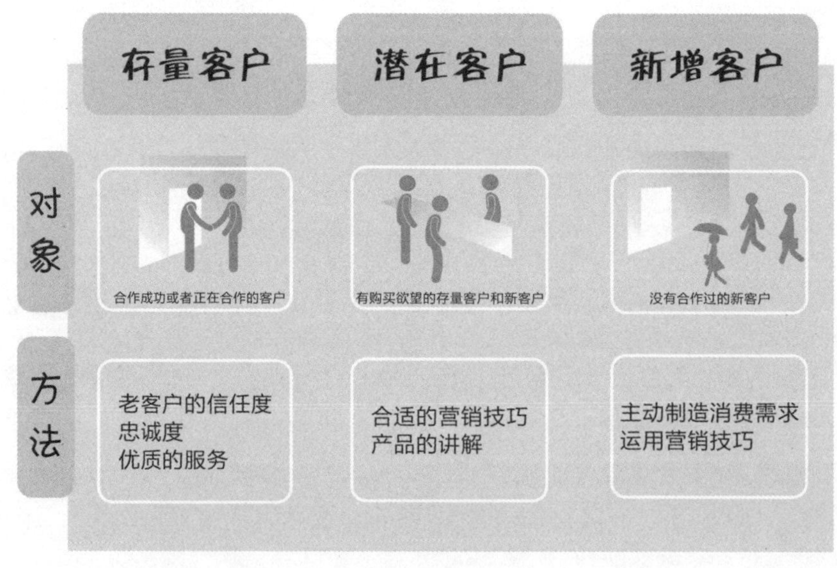

三种客户的对比图

1. 存量客户

存量客户是相对于新增客户而言的，也就是已经与自己的店铺有过合作了，或者正在进行合作的客户。这一类的客户还是很有发展潜力的。由于他们已经或者正在和门店形成交易，这就说明他们对这个品牌还是有一定的信任。因此，门店在进行炒店活动的时候，可以告知他们，让他们能够在信任的基础上，再次购买自己的产品。

实际上，存量客户是所有类型的客户中对店面的信任度最高的。炒店活动中要想使他们再次购买自己的产品还是比较容易的。炒店人员完全可以凭借着这些客户的忠诚度做文章。在对这些客户进行一些产品的介绍之后，就可以打出感情牌，再加上比较好的服务，若是真的有购买需求，存量客户就会购买自己的产品。

2. 潜在客户

潜在客户是指有购买能力和购买需求的客户。这一类客户既有可能是存量客户，也有可能是新增客户。他们是整个炒店活动最需要发展的客户。他们有可能对你的产品有一定的购买欲望，但是还不是很强烈。面对这种情况，炒店人员就需要使用一些合适的营销技巧来打动这些客户，从而使他们购买产品。

从广义上来看，能被你的炒店活动所吸引的客户都能够称之为潜在客户，因此，潜在客户的群体还是很大的。对于潜在客户而言，除了用路演、促销、抽奖等炒店技巧以外，炒店人员要主动对潜在客户进行一些产品的讲解，找到他们感兴趣的点，同时各个环节协调工作，这样就能让潜在客户看到你的店铺的专业性，并看到产品的闪光点，这样他们才会购买你的产品。

3. 新增客户

这类客户是指以前从来没有和店铺发生过任何购买关系的客户，是炒店活动中需要开发的。对于新增客户而言，炒店活动正是让这类客户对自己的产品产生兴趣。在这些客户被炒店的种种技巧给吸引至门店时，实际上他们已经不知不觉被转化成了潜在客户。在这个时候，炒店人员就需要主动上前去询问他们的购买需求，然后再根据他们的购买需求来使用合适的营销技巧。

而对于那些没有被炒店活动吸引来的客户，需要炒店人员去主动上前去制造消费需求，从而让他们能够最终成为现实客户，这样才能够真正达到炒店的目的。

不同类型的客户，炒店的目的不同

我们可以把顾客分成很多种，而分类的依据可以是性格、年龄、爱好和购买需求，等等。而在炒店活动中，针对不同类型的客户，炒店的目的也各不相同。因此，门店老板不必强求所有的消费者都必须到店里面去购买产品，实际上，那也是很不现实的事情。

虽然炒店的根本目的就是为了让门店获得利润，但是毕竟真正购买产品的只是很少的一部分。因此，门店老板要端正态度，对顾客在进行分类的同时，给予顾客不同的期许，这样不仅能够给自己减轻一些压力，也能够获得很好的效果。

郑先生是一家鞋店的老板，他要筹备一次炒店活动。在活动开始之前，他对客户进行了充分的调查。在对炒店人员进行培训的时候，郑先生要求炒店人员对不同类型的客户应该有不同的期望值和努力程度。他对店员提出了三点要求。

（1）对待那些购买欲望较强的客户，炒店人员需要全力把握，用最大的热情让他们能够用最少的时间购买产品。这样就能够保证自己有充足的时间来应付其他的客户，使自己的精力和时间运用得更加合理。

（2）对待那些还拿不定主意的客户，炒店人员要谨慎对待。因为如果他们真的没有兴趣购买，就不会去询问炒店人员。炒店人员应该从这些客户的实际需求出发，尽量用自己的语言和行动打动他们，使他们购买产品。

(3) 还有一类就是购买产品的可能性很小的客户。对待这类客户千万不能有厌烦的情绪。这样的客户在炒店活动的现场占大多数。也就是说，现场的高人气完全是他们营造起来的，因此，炒店人员对他们要有问必答，不厌其烦。若是他们没有购买欲望，自然会很快离开的。

炒店活动正式开始之后，郑先生店铺的炒店人员一直按照郑先生的话做。对不同类型的客户，炒店的目的也不一样。这样，店员们就可以尽可能地促成更多的交易。结果，这次炒店活动果然造成了很好的效果。

郑先生的这三点要求，不仅是对他的鞋店，对于每一个要举办炒店活动的店铺来说也都是如此。由于每一个顾客的目的不同、需求不同，炒店活动也不可能兼顾到每一个顾客，只有把对每一个顾客的标准也根据他们的类型做出调整，才能够准确地分摊自己的精力和时间，从而使门店的利益最大化。

在炒店活动中，对不同的顾客类型给予不同的目的同时也是一种很好的营销方式。若是对每一个顾客都全力以赴地去推销自己的产品，那么就将错过很多真正想购买产品的客户。因此，在炒店活动中，根据客户购买产品的目的和欲望的不同而对他们存在不同的期许，是每一次炒店活动都必须做的。

不同目标客户的店面触点不同

上文已经说过，不同的目标客户其类型也各不相同。下面要说的就是炒店人员怎样根据所接触客户不同的触点来把产品卖给顾客。

在店面营销中，客户的触点是指客户所关注的产品的特点不一样。就像是一台冰箱，有的客户关注的是这台冰箱是否上档次，有的客户关注的是这台冰箱的质量怎么样，有的客户关注的是这台冰箱的价格便不便宜，还有的客户关注的是它的售后服务怎样。由于每个顾客都是独立的个体，所以他们关注的点也不尽相同。在炒店活动中，炒店人员要做的就是根据每一个客户的触点来营销自己的产品，使其对自己的产品产生很大的兴趣，从而愿意购买自己的商品。

而对于炒店活动本身来说，由于炒店本身就是一项比较大的活动，不可能太过灵活多变到能够迎合每一个客户的触点，因此，活动的策划要尽量迎合大部分顾客的触点，这样就能够获得成功。比如很多客户的触点在于价格，就可以举行打折促销；还有很多顾客的触点是产品的使用体验，那就可以进行一些体验活动。

1998 年美国的战略地平线 LLP 公司的两位创始人约瑟夫·派恩和詹姆思·吉尔摩提出了营销要从感官、情感、理智、行动和关联五个方面做起。而对于顾客来说，每一个人的性格习惯是不一样的。而在炒店活动中，只要从这五个方面考虑炒店的大致基调，就可以抓住不同顾客的触点，从而使自己的销售量获得提高。

首先要做的是对感官的刺激。这在炒店活动的过程中是最常用的手段。在门口堆放的礼品、琳琅满目的商品、震耳欲聋的音响，这些都对顾客造成很大的影响。顾客在这种非常大的感官刺激下就会很兴奋，从而就会被吸引过来。然后就是情感和理智，消费行为本身就是感性加理性的行为，所以这一步也是关键。炒店人员可以通过对顾客的观察和询问得知顾客的触点，然后再根据他的触点来制造情感体验，建立起深层次的情感依赖性。同时根据触点再介绍自己的产品的好处，使他们能够在理智上接受这件产品。

而关于行动和关联上，则是在了解顾客触点并针对触点做出行动后的一个补充。炒店活动可以用明星效应来激发消费者，使其生活形态予以改变，从而实现产品的销售。并且建立一种关联体验的诉求是让人和一个较广泛的社会系统产生关联，让消费者接受这件产品。

这样，通过对不同顾客的触点不同，炒店人员就在炒店活动中用不同的方式对顾客进行销售，最终就可以让门店老板的炒店活动获得圆满的成功。

第三节　炒店之前必须确定的“五个适合”

在炒店活动开始之前，除了要对炒店活动的原则进行统一、策略进行制订、客户进行定位之外，还要通过“炒”来带动店面的宣传及终端销量的提升。为了保证自己的炒店活动能够获得最佳的效果，还要注意下面的“五个适合”。

选择适合的炒店方式

就像这个世界上没有两片相同的树叶一样，也没有相同的两间店铺。因此，不是所有的店铺都可以用一个炒店方式就可以达到预期的效果。很多炒店活动最终失败的原因就是看到别家店铺的炒店活动进行得很成功，于是就想移植到自己店铺的身上，结果没有获得成功。由此可以看出，找到一个适合自己店铺的炒店方式至关重要。

张小姐经营着一家服装店。有一次，张小姐在经过一个繁华的购物街的时候，看见了很多人聚在那里，张小姐也走了过去。结果发现是一个服装店正在如火如荼地举办着炒店活动。他们在店门口设置了一个T台，上面全是魔鬼身材的模特穿着该店面的衣服在走秀。很多人在看到模特穿的衣服的时候都纷纷到店里面去购买相同的衣服，结果那家店铺的销售量非常可观。张小姐觉得这是一个很好的炒店方式。

在回去之后，张小姐立即开始筹办类似的炒店活动。这种模特秀的举办成本很高，但是张小姐觉得这些付出都是值得的。于是，在几天的筹备工作做好之后，张小姐在她的门店门口也举办了一场以模特秀为主题的炒店活动。但是，本来张小姐预料的异常火爆的情况并没有发生。虽然这场模特秀也吸引来了一些顾客，但是张小姐这次的投入很大，结果她还是赔了本。

原来，张小姐的创意虽然不错，但是她的店铺并不处在商圈的繁华位置，人流量本来就不多，再加上这附近以住宅区居多，所以根本引不起轰动的效应。所以，张小姐的这次炒店活动是注定要失败的。

别人优秀的炒店方式是可以借鉴的，但是绝对不能够直接生搬硬套，否则就只能像张小姐一样，炒店没有成功，还赔了本钱。对于门店老板来说，要想找到适合自己的炒店方式，需要对周围的环境进行调查，然后再根据自己所拥有的资源进行全盘的统筹，然后再决定自己的炒店方式。像张小姐，她如果知道了自己周围的环境，并对炒店活动能够再统筹一番的话，就不会犯这个错误，导致自己血本无归了。

选择适合的主题

主题是一次炒店活动中必须明确的一个因素，有了合适的炒店主题，炒店工作才能够顺利进行。而对于炒店活动主题的选定，一般要从三方面来进行。

1. 根据自己所在的地理环境确定活动主题

店面所在的地理位置是店面的资源，但是有时候也会限制炒店活动的发展。根据自己店面的地理环境制定有效的主题可以更加合理地吸引到自己的目标客户，进而使自己的炒店活动更加有把握。比较繁华的地带可以举办一些比较大型的炒店活动，而那些地理位置不是很优越的店铺就可以举办一些规模一般的炒店活动。

举个例子，一个手机通信店若是开在比较繁华的商圈之中，就可以突出“充话费送大屏手机”或者“苹果、三星、联想等品牌机消费者大回馈”等炒店活动。这样就可以吸引到很多的消费者。而若是开在了人流量较少的地区，比如小区中间，则可以制定“充话费，免费升级 10 兆宽带”“手机 0 元购，精彩玩不停”这样的规模较小的炒店活动，更加贴近消费者的实际生活。

2. 根据不同的节日来确定自己的活动主题

这也是炒店活动中常见的确定主题的方式之一。在街上经常能够看到门店利用节假日为主题来进行炒店活动。因为在节假日，人们有了充分的时间，总是喜欢上街去逛一逛。这时候根据节日为主题去制定炒店活动总能够引起消费者的共鸣，从而使自己的炒店活动能够吸引到更多的顾客前来。

比如一些餐厅，在中秋和春节的时候就经常推出“豪华中秋晚宴每桌仅售×××元”或者“春节年夜饭正在火爆征订中”的炒店活动。在每年的七八月，餐厅、酒店还会推出一些比如“谢师宴”“升学宴”这样的活动，从而吸引那些有需求的顾客前来消费。当然，除了餐饮业，其他的很多行业都会利用节日为主题来推出自己的炒店活动。

3. 利用当地的热点事件来作为炒店主题

这些热点事件本身就具有很强的传播性，所以若是以这些热点事件作为炒店活动的主题就会显得更加具有传播性，也更加会引起消费者的注意。这种嫁接式的炒店活动主题是很吸引人的，因为热点事件本身就是人们喜欢谈论的话题。但是在这里有一点要注意，在以当地的热点事件作为炒店活动的主题的时候，不能以一些负面的消息作为主题，即使这个消息再火热也不行，因为这样会损害门店的声誉。

比如像某地来了某艺人开演唱会，然后门店就开展在店里消费满×××元就送演唱会的门票。或者在高考之后，很多门店开展“凭学生证买电脑八折""上大学，就用×××手机套餐"等为主题的炒店活动。这样就很好地利用了热点作为主题来进行炒店活动。

选择一个合适的主题对炒店活动来说至关重要，只有选定了合适的主题，炒店活动才能够吸引到大量的消费者，门店才能够从这些消费者身上获得利益。

选择适合的时间

在炒店活动中，时间也是一个比较重要的因素。即使是最繁华的商业圈，也不可能总是保持着很高的客流量，也会有旺季和淡季，因此，选择合适的时间去举行炒店活动显得至关重要。而选择的时间也需要炒店人员根据自己的实际情况而定。

从一天的角度来说，靠近集市的门店最好的时间点是上午的9：30～14：00。因为这个时候正是大家赶集的时候，这样就可以很容易地看到你的炒店活动，并加入进来。而商圈、学校、小区附近的最佳炒店时间是下午4：30～8：00。因为这个时候是工薪族和白领等下班的时候，也是学校放学的时候。在这个时间段炒店就可以吸引到这些人流的加入。而写字楼附近的门店的炒店时间是中午以及下午的下班时间。在这个时间段内，人们才会有时间上街，进行炒店活动才会比较有把握。

而从一周的角度上讲，最好的炒店时机应该是每周的周末或者是下班的时候。因为只有在这个时候，路上的人才会比较多，炒店活动才能够吸引到人气。这与店面的地理位置关系并不是很大。

从整年的角度来看，最好的炒店时间就要看自己买的产品了。这是很重要的，因为有很多产品都有很强的时令性。因此，炒店人员应该选择最合适的时间去进行炒店活动。比如羽绒服专卖店就只能在冬季进行炒店活动。若是在夏天进行，即使是价格卖得再低，也很少有人去真正选择购买。

开冰激凌店的李先生很会选择合适的时间去进行炒店活动。有一次，李先生准备举办一次大型的炒店活动。他准备了很多新口味的冰激凌准备让人流试吃，还搞来了一个很大的冰激凌模型灯。很快就到了下午四点整，学校放学的时间，有店员建议李先生开始进行炒店活动。但是李先生却对那个店员说："再等一等，最佳的时间还没到。"一直到了五点十几分的时候，李先生才决定开始举行这次炒店活动。结果，有很多人都前来买李先生的冰激凌，李先生的炒店活动获得了空前的成功。

有人问李先生为什么知道在这个时候进行炒店活动的效果最好。李先生对他们说："我在五点十几分才开始，是有我的理由的。首先，虽然四点整孩子们都放学了，但是很多成年人还没有下班，我要等到那些成年人也下班之后再进行炒店活动，毕竟成年人也有很多人喜欢吃冰激凌。其次，很多孩子在放学之后需要父母来接送，在父母没有下班的情况下，孩子还是有很多留在学校没有回家，所以，晚一些还是可以吸引到很多的孩子前来观看。还有一点就是五点之后过不了多长时间天就黑了，我的冰激凌模型灯就可以闪烁了，这势必会吸引到更多的小孩子。"大家听了之后都很佩服李先生，纷纷夸奖他是营销高手。

李先生就是因为在最合适的时间开始了自己的炒店活动，于是获得了巨大的成功。其他的店面老板也应该根据自己的实际情况对炒店时间做出最正确的选择，这样就能够让炒店活动获得很好的效果。

选择适合的预热方式

炒店活动开展三天前要进行预热工作，预热工作做足、做细，此次活动就成功了一半。因为很多用户不会携带过多的现金，只有把预热工作做好，活动当天有意向的用户才会到门店里去购买产品。在炒店活动的方式、时间和主题都确定的情况下，就要选择合适的预热方式，这样才能够保证在炒店活动中具有足够的人气。预热方式最主要的就是要掌握“因地制宜”这四个字，炒店人员要根据店铺所在的地理位置和周围人员的活动方式进行选择。预热方式有很多种，必须要综合各方面的因素，才能够找出最适合的预热方式。

就一般的炒店而言，预热有以下几种技巧。

技巧一：在门店的醒目位置显示出炒店活动的基本信息

炒店人员可以用贴海报的方式去向人流宣传这次炒店的广告语和基本信息。同时要注意：①不能把字写得太多，这样人们就不会愿意去读这个海报；②要注明这次活动的时间、地点和炒店形式；③炒店主题在炒店期间固定显示或活动前开始显示；④字体要够大，这样才能够吸引眼球，对那些比较能打动人的字眼，要用一些特殊的字体，或者特殊的颜色表示出来，比如“震撼”“全场×折”，等等。

这种预热技巧还可以用在店门口的LED显示屏或者荧光显示屏上。这是一个非常实用有效的预热途径。

技巧二：网络预热

现在的网络技术十分发达，炒店人员完全可以通过QQ空间、微博、微信等网络平台来宣传炒店活动。这样就会更加快捷地对炒店活动进行预热。这种预热方式更倾向于向那些比较年轻的群体进行宣传，因此对那些针对年轻人的产品非常适合。

技巧三：发放传单

这是一个比较常见的预热方式，也是一个成本低收效高的预热模式。在商圈内找到比较繁华的地带发放传单，这样就可以在成本很低的情况下让自己的炒店活动得到很好的预热。除此之外，也可以分析活动店面的地理位置，对店面沿街商铺或居民区进行自制海报发放，这样也可以起到很好的作用。

技巧四：其他的预热方式

除了以上三种预热的技巧，还有许多其他的预热技巧。比如夹页海报、路上的条幅、广播和宣传车等方式。炒店人员可以结合自己的实际情况来选择最适合自己的预热方式。

通过一系列的预热活动，就可以保证自己的炒店活动的现场能够有很高的人气。俗话说："人气就是财气。"这样就能够进而使门店获得很好的利润，做成一次非常成功的炒店活动。

选择适合的一句话营销话术

炒店活动进行的时候，炒店人员与消费者交谈的话术是非常重要的。炒店人员必须用最正确、最简洁的语言来描述出自己产品的优点和卖点。这样就能在短时间内吸引住目标客户，从而可以在最短的时间内找到消费者感兴趣的点，然后说服消费者，完成交易。

对于炒店现场的具体一句话营销话术可以分为：拦截类、推介类、体验类等。通过选择适合的、简短的话术，就能够达到预期的目标。

1. 拦截类的一句话营销话术

拦截类的营销话术不仅要简短，而且要在短时间内让顾客对自己的产品产生兴趣。这是炒店活动中的第一步，也是很重要的一步。因此，把拦截类的一句话营销话术运用好了非常重要，炒店人员需要找到话题的核心点，根据顾客的话题和背景来推销自己的产品。

比如若是一个卖箱包的店铺搞炒店活动，那么在面对年轻人的时候，应该说："小伙子背着个运动背包就是帅气！"而对一些中年商务人士则应该说："先生背这个皮包显得很有面子。"这就是拦截类的一句话营销话术。

2. 推介类的一句话营销话术

这一类的营销话术主要就是为了让客户能够接受自己对产品的推荐。

实际上，也就是要在很短的时间里对产品的最大的卖点做出最好的阐述。这需要炒店人员对产品具有很深的了解，这样才能够保证自己的话能够打动消费者，让消费者能够信任自己，从而对产品产生一定的兴趣。

这个例子有很多，比如在移动通信店里做炒店活动的时候，对顾客通常是这么说的：“0 元购智能机还送大礼，限时优惠，机不可失。”这就可以很好地提到活动最大的卖点，让顾客能够一目了然地清楚自己能够得到什么样的好处。

3. 体验类的一句话营销话术

从产品的体验性下手，说明自己产品的体验性方面的好处，从而打动消费者产生购买欲望。体验类的一句话营销话术一般是一些重视用户体验的产品，所以在选择此类营销话术的时候，要看看自己的产品是不是那种体验性较强的产品，然后再决定用不用这种营销话术。

某家电店铺在对自己的彩电做一次炒店活动，一个炒店人员对一个客户说：“我们的彩电用了最新的科技，看起来一点儿也不累眼。”这就是体验类一句话营销话术。消费者在听了这个炒店人员的话之后，就清楚了这个彩电的体验性很不错，从而也许就愿意做进一步地了解。

通过不同的一句话营销话术，可以达到不同的效果。但是目的是相同的，就是让炒店的过程能够一直向着顾客购买的方向进行。所以，门店一定要注意一句话销售话术的选择和使用，因为这样会给你的门店带来很好的利益。

第二章

炒店“七部曲”之二——营销方案

第一节 炒店营销方案法则——活动内容及目标

炒店活动的内容是最重要的，因为能够吸引顾客的，就是炒店的内容。所以，在进行正式炒店之前，确定好这次炒店的内容和目标是相当有必要的，这样就可以帮助炒店过程能够高效地向着目标前进，不会出现各种不知所措的情况。

确定活动的主题元素

在炒店活动的进行过程中，我们总是着力于解决目的性的问题，也就是解决“为什么”的问题。换句话说，目的性话题告诉了我们门店老板为什么要炒店。而弄清楚了目的性的问题，就可以让炒店活动能够秉信而作。在弄清楚了目的性的问题之后，就要弄清楚目标性的问题，因为有了目标之后，炒店活动才会有一个准确的方向。

而目标性的问题，指的就是在炒店过程中我们要确认的活动主题。其实这就像一个学生在写作文，只有主题明确，文章才会有主线。同样的道理，也只有把炒店活动的主题给确定下来，扬名树形的炒店活动才能具有活生生的内容。而那些生硬的比如“增加自己的品牌信誉度、最终增加销售额，使门店赢利”的目标才会变成那种可以实现的行为，乃至变成指导炒店行为向何种方向发展的理由。由此可见，确定活动的主题元素对于整个炒店过程都有很深刻的意义。

而对于炒店活动本身，也需要一个主题作为吸引消费者的一个标语。

我们在商业街上经常可以看到很多商家在举行炒店活动的时候都打出很多的标语，比如“××品牌感恩消费者，全场×折处理”，或者“轻松一夏，全场半价”。这些标语就是炒店活动的主题，它们既表现出了炒店的目的所在，同时也利用了自己的主题对消费者进行了一定程度的吸引。所以，炒店活动应该确认好自己的主题元素，这样才能够保证这次炒店活动可以聚集起足够的人气。

除此之外，主题元素同样作为活动主题的内核而存在。比如，某餐厅在情人节推出了以“情人节烛光晚宴”为主题的炒店活动，这次炒店活动的主题元素就是“情人节”和“烛光晚宴”。这样确定主题元素就将这些平凡的元素赋予了很特殊的意义。果然，这次炒店活动获得了很大的成功，其原因就是该餐厅的这次主题元素获得了消费者的赞同，所以这次炒店活动获得了极高的人气。

由于每一个店面的实际情况不同，所以炒店的主题当然也就各不相同。影响炒店主题的选择因素非常多，譬如店铺的性质、时间节点、地域文化等。炒店的主题选择自然要结合适当的时间的节点（店庆、重要节日等），这些都可以成为炒店活动的主题。炒店活动的策划者要紧紧围绕着自身所销售的主流商品而展开，并要符合当地的文化氛围。这样就能够让自己的主题元素更吸引消费者，从而使炒店活动获得成功。

确定活动内容

除了要对活动主题进行确定之外，对活动内容的确定也十分重要。与炒店活动的主题元素不同的是，确定内容是炒店活动主题的进一步细化。活动主题是一种思路性很强的概念性东西，只有将抽象的概念转化成实实在在的、既可以感知又可以操作的内容，才具有实际的意义。而这些活动内容也是在活动当天需要遵守执行的依据。

对于炒店活动，要确定活动的内容，就要对炒店活动的每一个环节进行确认，这样才能够对整个活动内容进行进一步的确认。一般来说，需要对下面几个内容进行确认。

1. 炒店活动的进行时间

炒店活动的进行时间的选择是很重要的，这也是炒店活动能否成功的关键所在。炒店活动的筹划者需要将炒店活动的每一个细节和实际情况作为参考依据来确定炒店时间。比如店铺在写字楼旁边，炒店活动就要把时间定在写字楼里的人们的下班时间。而若是炒店活动的目标客户是一些学生，就要把炒店活动定在假期。因此，炒店的时间是很有必要确定的。只有确定好炒店的具体时间，才有可能让炒店工作达到预期的效果。

2. 炒店活动的举办地点

很多人也许会说，炒店活动的举办地点不就是在门店门口吗？这有什么不能确定的？其实事实情况却不是这样的，很多炒店活动为了别开生面，吸引眼球，就不必拘泥于把炒店的现场必须放在自己门店的门口。炒店的地点一般要定在人流量最多的地方，这样就能够更方便地吸引人流，从而把人流引导到自己的门店里。这对炒店活动来说也是一个很重要的内容。通过对炒店地点的确认，就可以给炒店工作定下一个基调。

3. 炒店活动的营销策略

在很多消费者心中，一些炒店活动的形式太过单一，所以不愿意去买炒店人员的账。这个时候，一个优秀的炒店活动的营销策略就显得非常重要。一个优秀的炒店活动策略要以顾客为中心，经过不断地优化，最终形成。通过这个炒店活动的营销策略，就可以让自己的炒店活动别开生面，让消费者眼前一亮。同时也让整个炒店活动进行得更加井然有序，更加系统。

4. 炒店活动的营销方式

炒店活动的营销方式有很多种，如路演、促销、堆头、送礼等都可以算得上是一种营销方式。通过对营销方式的确认，就可以使炒店活动更加丰富多彩，也为炒店活动的最终成功增添了筹码。众所周知，炒店活动的目的就是要吸引人气，吸引眼球，而单调的活动是不能够吸引得了消费者的眼球的，只有配合好现场情况的营销方式才能够吸引眼球。比如，抽奖的惊喜性内容是一种锦上添花的角色，往往会起到画龙点睛之效。

确定炒店目标效果

在炒店活动中，一定要确定自己这次炒店的目标是什么，这样才能够使炒店活动清晰、系统地进行下去。甚至有人说，一个正确的目标是炒店活动中最重要的部分。这说出了炒店目标和效果的重要性。总而言之，无论是什么类型的炒店活动，确定炒店的目标都是很有必要的。也只有能够事先确定目标的炒店行为才会有炒店成功的可能性。

只有确定了炒店活动的目标，才会有一个方向性，也就是说炒店活动才可以有一个努力方向。而对于炒店的目标效果来说，一般是分为两大部分。

1. 炒店活动的整体目标

这个整体目标是指大致的目标，就是说是一个总体的方向。比如说，有的炒店活动的目标仅仅是为了增加人气，做品牌的推广；而有的炒店活动的目标就是为了单纯地增加销售额。所以，要给自己的炒店先制订一个大的目标，这样下一步就可以对这个目标进行细分。

那么，怎样确定这个大的整体目标呢？这就要看这次炒店活动的出发点了。举个例子，某品牌的饮料要做一次炒店活动，于是，他们不惜花重金请来了自己饮料品牌的形象代言人。这次炒店活动的目标就是让自己的品牌在这个城市做一次推广。在这个品牌推广的目标的指引下，销售量的多少就不是这次炒店的主要内容，因为其目标是为以后提高自己产品的销售量做准备。

2. 炒店活动的销售目标

从根本上看，炒店活动的目标就是为了最终使自己的门店获得很高的利润。所以，销售额是不可忽视的一个因素。所有的炒店活动都需要给自己的炒店活动确定一个比较细致的销售目标。这个销售目标必须结合实际，否则就没有任何作用。比如，某灯具门店要给自己的某种吊灯做一次炒店活动。那么就要对这个灯具能够卖多少、能够取得多少的营业额做一个具体数字的期望值，这就是销售目标。

当然，无论是整体目标还是销售目标，都是服务于炒店活动的本身的。所以，在制订目标的时候，还是应该结合实际的情况，做一个可以实现的目标。在这个目标的刺激之下，所有的炒店人员才会齐心协力，互相配合，从而完成这次炒店活动，为门店获得充足的利润。

第二节　炒店营销方案法则二——方案设计多样性

在炒店人员对自己的炒店活动进行方案设计的时候，可以从众多的途径中找到经验来给自己的炒店活动作参考。比如从网上寻找案例、把以前的炒店活动作参考，等等。但是，不管怎样，炒店方案的设计都要综合各个方面的考虑，这样的炒店方案才会更有可操作性，成功的概率才会更高，才会真正地获得利润。

借鉴过去炒店成功的经验

很多举办炒店活动的店铺都有不止一次的炒店经历，要想此次的炒店活动获得成功，借鉴以前自己炒店成功的经验是一个很好的捷径。古人说，“前车之鉴，后事之师”，这不仅是指要从以前的错误中吸取教训，更是指要从以前的成功中吸取经验。每一个成熟的炒店人员都是经过了很多次炒店活动才成熟起来的，自己以前的炒店成功经验是一笔非常宝贵的财富。

相对于其他的途径，自己以前的成功炒店活动经验更有可操作性。因为自己以前的炒店活动无论是背景、资源，还是市场环境等因素都是基本一样的，所以，这样的成功经验用起来就更加放心，没有什么心理疑虑。从这个方面也可以看出每次炒店活动结束之后对炒店活动进行经验总结是多么重要。

欧阳女士是一家乳制品门店的老板，她在每一次的炒店活动结束之后，无论是成功还是失败，都喜欢开一个小会，对炒店活动进行经验总结，让每一个参与炒店活动的店员都进行总结。这一次，欧阳女士又要举办一次炒店活动，但是，她却在炒店方式上犯了难。

她发现，由于现在的中老年人都喜欢直接买鲜牛奶，导致自己门店里的中老年奶粉总是很难销售出去，造成了货物的囤积。同时，欧阳女士也没有找到一个好办法对自己店里的中老年奶粉进行炒店活动。店里的其他员工也没有提出一个让人满意的方案。欧阳女士就拿出了以前的会议记录，翻着翻着，她终于发现了一个可以解决问题的办法：就是在销售鲜牛奶的时候把中老年奶粉作为赠品给带出去。欧阳女士决定就采用这个办法。

于是，在炒店活动中，欧阳女士加入了“购买××品牌牛奶，送一包中老年奶粉”的附带活动。果然，她的这次炒店活动吸引了很多顾客，门店里的中老年奶粉很快就送掉了，并且没有让欧阳女士受到损失。而且令欧阳女士高兴的是，由于很多顾客发现这个奶粉的口感很好，于是成为了回头客，重新到欧阳女士的店中要求单独购买这种奶粉。欧阳女士借助这次炒店活动打开了一个新的市场。

从案例中我们可以发现，欧阳女士就是利用原来的成功经验，才让这次炒店活动突破了瓶颈，获得了成功。因此，其他的炒店人员也应该养成总结经验的办法，这样就能够提高炒店活动成功的把握。

向竞争对手学习

提出优秀的炒店方案的方法有很多，除了从过去的方案中吸取教训之外，还要从多方面学习经验，从而优化自己的炒店活动的方案。在市场中，竞争激烈，每家店铺都希望超越竞争对手一步，这样自己的炒店活动才会获得更好的机会，自己的店铺自然就能做出很好的炒店活动。那么如何超越竞争对手呢？唯一的答案就是向他们学习，取人之长，补己之短，吸取竞争对手成功的经验，借鉴他们失败的教训，并借此优化自己的炒店方案。这才是炒店人员优化自己的炒店方案，最终促使自己的炒店活动获得成功的金钥匙。

孔子曰："三人行，必有我师焉。"事实上，如今很多的优秀的炒店方案正是通过向竞争对手学习寻求到优秀的创意，最终走向成功的。炒店人员以竞争对手为前进的助推器，在结合自身条件的基础上不断努力，最终才能够提出更好的炒店方案。

其实，在很多领域都有通过借鉴竞争对手使自己最终获得成功的案例，炒店营销这方面当然也不例外。只有正视自己的竞争对手，并且用正确的方法来使自己能够从竞争对手身上学到东西，这样才能让自己的炒店方案具有更高的可操作性。

那么，为什么要向竞争对手学习呢？首先，竞争对手是与自己做同一行业的，而且地理位置也不会相差太远。也就是说，自己和竞争对手之间的各种硬件配置都差不多，所以炒店的目标客户也是一样。这样，他们的经验用起来就会更加实用，可操作性也会更强。所以，在制订自己的炒店方案的时候应该向竞争对手学习。

在制订自己的炒店方案的时候，炒店筹划人员的脑海中要想到竞争对手的炒店活动过程，把他们的优缺点参考进去，看能不能给自己的炒店方案提供帮助。这样就能够使自己的炒店方案更加完美，从而吸引更多的消费者。

在任何领域中，都可以使自己从竞争对手那里获得一些灵感和经验。通过对竞争对手的学习，就可以补充自己的炒店方案，进而吸引到更多的消费者，最后让自己的店铺获得很好的利润。

全方位创新，提升炒店效果

在制订炒店活动方案的时候，一定还要考虑到自己的炒店活动方案是否有一定的创新性。因为如今的炒店活动如此之多，很多消费者看到一些比较平常的炒店活动根本就提不起兴趣了，所以，在炒店活动中还是要尽量创新。这样才能够吸引到消费者，让他们对自己的店铺产生兴趣，从而提升自己的现场人气，使炒店活动获得良好的效果。

除此之外，创新的炒店活动方案还会给消费者留下很深刻的印象，使他们能够长时间地记住自己的店铺。并且向周围的亲朋好友做宣传，进行很好的口碑营销。因此，创新对于一个炒店的方案来说是尤为重要的，炒店筹划人员一定要对炒店的方案进行自己的创新，这样就能够吸引到人们，从而使炒店工作获得成功。

而对于方案的创新，主要是体现在与群众互动的两个方面，那就是预热和形式的部分。炒店人员就可以从这两个方面下手，对它们进行创新。

1. 对预热的创新

所谓预热，其实就是在炒店活动开始前的宣传活动。这是一个与顾客有互动的部分，所以可以进行创新来吸引到顾客。比如可以在宣传海报上做一些比较有创意的图案，或者想一些比较有创意的口号，这都是预热部分的创新。还可以对自己的主题进行一些创新，这里可以用上一些网络名词等来吸引顾客。

总之，在预热这个方面，创新的地方可以有很多。但是，最重要的是要在能够吸引到顾客的前提下进行创新，否则有的时候太过“创新”就有可能引发一些反作用。

2. 对炒店形式的创新

这种创新就比较广泛了。因为炒店方式有很多种，这时候就要从顾客的品位出发，对炒店活动进行创新。这个时候可以做一些如游戏或者转盘抽奖等环节对这个炒店形式进行创新。通过对不同的目标客户的观察和喜好的了解，就可以对这些形式进行创新，使他们能够喜欢上你的炒店形式，进而对产品产生购买欲望。

总之，不管怎样，炒店的目的是为了把产品卖出去。所以，怎么创新都应该本着能够吸引顾客，最终实现交易的方向而去。最终实现让店铺的商品卖得很好，取得很好的营业额，并获得可观的利润。

第三节　炒店营销方案法则三——方案的亮点突破

在炒店活动中，必须要有自己的亮点，才能够吸引到消费者，让消费者购买自己的产品，进而获得利润。而炒店方案的亮点是需要炒店人员去挖掘的，因此，炒店人员必须着眼于炒店活动的每一个细节，这样才能够找到自己的亮点，使消费者青睐自己的产品，从而愿意购买。

店内成交率的四大核心要素

炒店的根本目的就是通过各种炒店手段，最终使消费者能够购买自己的产品，因此，对一个门店来说，成交率才是王道。而对于一般的炒店活动来说，影响门店成交率有四个最核心的要素。

要素一：炒店人员

炒店人员是炒店活动中最重要的要素，因为炒店人员需要执行炒店活动的整个过程。从炒店计划的提出到预热、过程，最终到炒店完成并总结经验，需要有炒店人员的参与和执行。所以，炒店人员是整个炒店过程的执行者，具有举足轻重的作用。

对于炒店人员，门店老板必须经过仔细地统筹和计划，根据每个员工不同的能力和特长，结合实际情况，把这些炒店人员委派到最适合他们的地方。这样就能够最大限度地对炒店人员的能力进行运用。从炒店人员的角度来说，也需要有很高的工作积极性和对客户的把握能力，才能够在炒店工作中发挥出自己的力量，这样才能使炒店活动最终获得成功。

成交率四大要素关系图

要素二：顾客

顾客是整个炒店过程中的重要参与者，没有顾客，再出色的炒店活动也没有用。事实上，所有的炒店活动都是围绕着顾客进行的。所以，只有顾客参与整个炒店活动的过程，炒店活动的举办才会有意义。因此，在炒店过程中，必须重视顾客的作用。

而对于顾客，炒店人员应该根据不同类型的顾客用不同的话术对其进行推销。还要根据顾客对产品的购买欲望来决定先后顺序，当有的顾客购买欲望很强烈的时候，就应该尽快地完成交易过程。而对那些还在犹豫的顾客，就应该用一些话术对顾客进行说服。只有顾客肯购买自己的产品，店内的成交率才会上升。

要素三：产品

炒店活动的目的就是把产品卖出去，这说明了产品的重要性。在炒店活动中，产品往往担任着重要的角色。对于顾客来说，真正吸引他们的还是产品本身。因为顾客有着对产品的需求，才会去购买产品。

除此之外，炒店人员应该对自己的产品有一个详细的了解，这样在向顾客介绍产品的时候才能够吸引住顾客，最终与顾客达成成交的意向。

要素四：销售

销售是炒店活动中的一个过程，同时也是结果。因为炒店活动举办的目的就是提高门店的销售额。所有的努力都是为了向销售的方向发展。因此，销售是整个炒店过程中最重要的因素，也是提高店铺成交量的最重要的因素。

寻找客户动心点

什么是客户动心点？动心点就是在举行炒店活动的时候，能吸引住顾客，且能让顾客为之心动的地方。简而言之，也可以说是炒店中的亮点。那么怎样才能发现客户的动心点呢？

在炒店活动中，销售人员的工作尤为重要。他们要坚持“多说，多问，多听”的原则，练就“千里眼，顺风耳”的绝技。一般来说，顾客不会主动告诉销售者自己的需求，甚至连他们自己也不知道自己想要买什么。炒店活动虽然很热闹，但是他们却在人群中迷茫地走动着，这边瞧瞧那边看看，口中有时候还自言自语。这个时候就需要销售人员必须学会倾听和询问的技巧，通过顾客的面部表情去挖掘顾客的需求，让顾客清楚炒店所带来的实惠和便利之处。

炒店活动中，销售人员要主动跟顾客搭讪，能够引导顾客描述自己的观点，进而方便销售人员通过和顾客谈话来寻找到他们的动心点。在炒店进行时，销售人员应该不断提高自身的观察能力，通过观察顾客对炒店中的产品或者摆设，知其喜好，通过顾客在产品前的停留时间，找到顾客感兴趣的产品，从产品中找出顾客需求。遇到表述不清的顾客，一定要及时询问，清楚了解顾客心中的需求，发现顾客的动心点。

炒店销售人员不仅要会说话，而且要善于倾听。倾听有助于销售人员与顾客建立良好的人际关系，可以降低顾客对销售人员的排斥心理，使得销售人员越听越想听，而顾客则是越说越想说，越容易把内心的想法，需求告诉销售人员。在炒店中，一个合格的倾听者很容易从顾客那里得到大量的信息，倾听顾客说话的内容，并适时做出反馈，才能和顾客很好地沟通互动，从而发现顾客的心动之处。

顾客的真正需求，真正的心动点都在谈话中，炒店成功的关键就是需要将产品的特点和顾客的利益和需求结合在一起。因此了解顾客的认识十分重要，而改变顾客的认知尤为关键。炒店时的每一个产品都需要有着自己的优点和特色，由于顾客的认知不同，所以选择的产品也是不同的。卖家如果想要改变顾客的选择，发现顾客的动心点，就必须改变顾客的认知，使自己的产品和顾客的新认知相结合，让顾客重新定义自己的动心点。

在炒店的过程中，只有发现了顾客的动心点，才能投其所好，根据顾客的需求提供符合其特点的产品，这样才能促进销售的成功。

给客户一点惊喜的刺激

现今社会，竞争越来越激烈，那么怎样才能留住顾客呢？这是炒店的一个难题。

在顾客的眼中，他们认为来到店中消费是要花钱的，既然消费了那么就要得到令人满意的服务。除非炒店的活动中提供的体验已经超出顾客内心的标准，也就是意外的惊喜，否则他们是不会记住到底是哪家店举行的炒店。

因此，现在很多店面在进行活动的时候，都加入了很多互动的过程、多元化的元素，目的就是让顾客体验惊喜，享受刺激，从而记住店面，愿意再次光临。炒店的过程也是不例外的，没有惊喜也就没有刺激，没有刺激也就不会感到满意，不满意也就意味着没有回头客了。炒店过程中产品好是基本条件，但是有没有给顾客带来惊喜刺激的体验是迎来回头客的至关重要的因素。

顾客对炒店的印象是尤为重要的，如果你给了顾客一个惊喜的体验，即使其他方面一般，也会得到客户的好评；但是如果在其他环节上犯了错误，哪怕只是一个小毛病，都会使得顾客的期望下降，即使其他地方做得很好，但是不满和抱怨已经在顾客的心中存在了。

怎样才能把惊喜刺激带给顾客呢？炒店活动中，每一个顾客对“刺激”的定义是不同的，或许你认真倾听了顾客的需求和想法，并相应地提供了顾客所需要的服务，就可以让他们感到舒服或者惊喜。当你将炒店期间的产品亲自送到顾客的手中，并为其讲解，也会让顾客感到惊喜。邀请顾客参加店庆和炒店活动，会让顾客感到一股温暖、快乐的氛围，带给顾客另一种美好的感觉。

创造惊喜的方式还有很多种，有实际层面的，也有精神层面的。比如在举行炒店活动的时候可以摆放一些小礼物，或者赠品；便宜的价格或者给顾客一个预期之外的消费体验。这些惊喜虽然看起来很简单，但是带来的效果却是很明显的，惊喜也并非需要付出很大的投资，因此，只要超出了顾客期望值，哪怕只是很小的一部分，也会让顾客感到惊喜或者刺激。

在炒店的过程中，单纯的降价为顾客创造的惊喜是远远不够的，远不及为产品增加价值为顾客带来惊喜刺激来得有效。比如告诉顾客这个产品还有其他特点，或者有小礼物赠送，这个要比打折好很多。

其实在炒店活动中，顾客在最平凡的体验中也是满怀希望地期待惊喜，期待炒店能给自己带来紧张刺激的感觉。炒店中只要用心去策划、去寻求，就会给顾客创造意想不到的惊喜。

以积分替代白送

在炒店进行期间，店主们往往会想尽各种办法吸引人流量，商品积分就是其中的一种方式。

当今社会，市场的竞争非常激烈，无论是哪一个行业，抑或是商品和服务都有着强烈的竞争。对于店铺来说，炒店就是吸引顾客的其中一个营销手段。所以店铺永远都要思考的问题是：在完全相同的价格和产品下，如何让顾客在心中的天平上更倾向于自己的店面。

积分是在顾客进行消费的同时，额外获得价值，是吸引顾客提高知名度的有效的推广策略。对于店铺来说，顾客可能会因此变成自己的潜在客户；而对于顾客来说，积分可以兑换礼品，用不要钱的积分兑换想要的物品，好比是白送一样，何乐而不为呢？

使用积分方式替代白送，可以进一步提高积分兑换和炒店宣传的有效性，提高了人流量，促进了交易量，增加了收益。

炒店活动为什么要使用积分制度呢？这其实也是一种赢利目的，鼓励顾客多消费，多消费就多积分，多积分也就有更多的礼品。一次性多买，就获得更多的积分，积分就像一张大网一样，网住了大批的消费者。积分的出现毫无疑问是激烈竞争的结果，使用积分对商家和顾客都有好处。

当顾客在店铺里面的消费达到一定金额后，就可以获得店铺给予的积分，当积分累计到一定的数量时，就可以在指定地点和时间兑换免费的商品，用这种办法达到促销的目的。积分的营销手段可以使顾客逐渐成为店铺的忠实顾客，从而使得对手的竞争活动变得毫无意义。因为顾客一旦参加了店铺的积分活动，一般来说都会积极地去积攒积分。而这个时候他就不会在意其他店面的活动，也不会在别的店面里买东西。

用积分吸引消费手段，对于店铺的常客颇具吸引力，多买多积分，这是一种循环，保证了店铺固定的销售额。卖家可以根据顾客的个人特征和不同时期的消费情况，制定相应的积分制度。

积分的产生和普及使得卖家和顾客互惠互利。积分的目的就是提升炒店的认知度和知名度，通过后期积分的结果提高店铺的赞誉度，提升店铺的竞争力。积分可以促进炒店的成交量和影响力，从而达到双赢的目的，形成店铺自己稳定的顾客群体，拉拢顾客的内心，使炒店活动达到最好最满意的效果，进而提升店铺的知名度和形象。

第四节 炒店营销方案法则四——方案的评价

在综合了那么多方面的因素之后，就会出现很多种炒店的具体实施方案。这时候要筛选出一个最适合的来执行。那么该怎么筛选？筛选的标准是什么？这就需要炒店人员对这些方案逐一评价，把评价最好的那一个作为最终实施的方案。

比较方案的营销效益目标

每一个方案的效益目标是一个比较重要的评判标准，因为这是炒店工作的根本目的。每一个方案中的营销目标说明了这个方案是否能够实施。因为通常来说，炒店活动举办的目的就是通过这种营销方式最终获得收益，因此，在每个方案中的营销效益目标就显得特别重要。

当然，并不是说淘汰那些将营销效益目标定得很高的方案。而是应该看那些炒店方案是否符合客观条件，能不能得以实现，而这只能从营销效益方面看出来。而即使是有些炒店活动方案可以实现，但是其营销效益目标也许定得很低，这样的话炒店活动的举办就没有实际意义。所以，要选择那些把营销效益定位得恰到好处的方案，这样才能够使炒店的目标最终得以实现。

在制订方案的时候，就要注意定下一个合适的营销效益目标。这样才能够让自己的炒店方案最终被启用。而那些不尊重客观事实就虚抬营销效益目标的方案最终只能是被淘汰。门店老板一定要记得，一定要把营销效益目标当成是一个重要的评判标准。

比较方案投入费用的大小

成本是每一个门店老板都关心的问题。对于炒店方案来说，投入费用的大小的确也是一个重要的评判标准。若是大投入能够获得大收益还好，若是大投入换不来大收益的话，那么最受伤的还是那些门店老板。有的店铺本身就不是很大，若是举办一场很大型的炒店活动，岂不是还没有等收回成本，小店就运营不下去了？

在很多的炒店方案中，又有着投入费用过高的问题。对于炒店活动来说，当然是用最少的钱办最多的事情最好了。即使是要多投入，也要让投入在一个可以控制的范围之内。在这个可以控制的范围之内选择最有可能的、最合适的方案进行运用。

通过对比方案投入费用的大小，就可以找到一个最适合的方案。但是，并不是说小投入的一定就好，也是要选择一个最适合的投入资金量，从而使炒店方案能够取得更好的结果。但是同时也要注意，投入的大小虽然是方案比对的标准之一，但却并不是唯一的标准，因此，不能够仅仅从比对投入标准这一环节就对方案下定能用还是不能用的结论。

比较方案的可操作性

炒店的方案是否具有很强的可操作性，同样也是对方案评价的标准之一。与前面两个标准不同的是，上面两个评价标准都是要选取一个比较中间的部分，而对于可操作性来说，则是越高越好。

有一些炒店方案说得特别漂亮，收益也很让人动心，可是根本就没有什么可操作性。因为它们根本就不可能实现。比如一个广场周围的店铺想做一次炒店活动，就做出方案说要把整个广场都作为炒店的现场，这是不可能完成的，所以这个方案也只是一纸空文，没有任何的意义。

在评判标准中，也必须把炒店活动方案的可操作性作为一个非常重要的评判依据。因为只有这样才能够保证在炒店的过程中能够把每一个过程都做得完整。因此，可操作性必须要作为评定一个炒店方案是否可行而存在。

通过这三个评定标准，门店老板就可以找到一个最合适的炒店方案予以实施。相信经过这三个标准筛选下来的炒店方案一定会成为最合适的炒店方案，从而为自己的门店获得很高的人气，并同时获得非常可观的利益。

第三章

炒店“七部曲”之三——市场预热

第一节 预热技巧一——传统媒介宣传

传统媒介是相对于新兴的网络媒介而言的，指人们长期使用，在公众和社会上已经完全普及化的传播方式，主要包括报纸杂志、广播电视、电话短信和宣传墙等。

诚然，随着互联网的不断普及，网络媒介对各类传统媒介都造成了极大的冲击，但传统媒介始终是无法被取代的。

首先，传统媒介在人们心中具有更高的可信度。网络上的各类信息真真假假、虚虚实实，人们难以分辨。尽管近些年网络环境在不断规范化，在道德和法律两个层面都对网络做出了约束，但是由于监管难度很大，所以难以杜绝网络虚假信息。相较于“看得见摸不着”的网络媒介，拥有更长历史的实实在在的传统媒体更受大众信赖。相比互联网传媒公司，报社、广播电台、电视台等机构在人们心中有着更可靠、更权威的印象。

其次，传统媒介具有更强大的信息生产力。虽然传统媒介在信息传播速度和范围上逊色于网络媒介，但在内容的深度和广度上却有着巨大优势。据尼尔森评级数据的一项名为《在线读者行为报告》的研究称，通过对美国数百万博客和社会媒体网站调查分析，其中原创内容仅为14%，67%的热点新闻都来自于传统媒介。在网络媒介发达的美国尚且如此，可见如今网络媒介仍然对传统媒介有很大的依赖性。传统媒介有着更强大、更专业的组织机构，可以投入时间和精力对热点信息进行充分地调研，做出更全面更深刻的报道。

最后，传统媒介具有品牌优势。传统媒介大都经过了长期的经营发展，不但有着强大的专业能力，而且也在大众心目中树立了自己的品牌形象。报刊、电视台都有一定数量的忠实读者、观众，在人们心中都有着独特的形象和文化，这点是网络媒介在短期内难以逾越的。

总之，传统媒介有许多无法取代的优势，还有着极其广泛的受众群体，仍然可作为宣传的主力工具。

报纸杂志宣传特点与内容设计

报纸杂志拥有所有传播媒介中最为悠久的历史，即便是现代意义上的报纸杂志，最早也可以追溯到17世纪。因此，报纸杂志拥有最长久的传播时间，最广泛的公众认知度。

报纸的发行量极大，无论是全国性报纸还是地方性报纸，在其发行范围内的发行密度都是很高的。报纸广告的制作程序比较简单灵活，从广告文案的处理到制版再到印刷，所需的时间很短。而且广告发布者对广告的版面、颜色、细节都可以灵活掌控，根据市场、产品的变化对广告做出修订。报纸广告不像广播、电视广告那样转瞬即逝，它能以“白纸黑字”的形式长期保存，不受时间的限制。报纸可以随身携带，能够随时反复阅读，亦可在读者间相互传阅，达到比实际印刷发行量更高的宣传量。

使用报纸做炒店活动宣传，最好使用日报或是一些发行周期很短的报纸。宣传炒店活动的主要目的是对市场进行预热，扩大知名度，而非对店铺、商品做长期的宣传介绍，因此只在炒店之前一段时间内做高密度的宣传便可以了。若是周报或是月报，消费者可能在炒店活动开始前仅能看到一次广告宣传，而且时间间隔太久消费者也很容易忘记，经营者对广告发布的时机也很难把控。

另外一点，最好使用地方性的报纸。炒店活动主要面对的客户群体还是当地的居民，因此没有必要在一些全省乃至全国发行的报纸上做宣传，即使外地的读者看到了，也很感兴趣，他们也不可能千里迢迢地赶来参加活动，这种宣传是完全无效的。当地报纸在内容上肯定更多地考虑了当地的风俗、文化，更贴近当地居民的生活，因此这类报纸的内容也比较易于让当地居民更有认同感，更容易接受。

综上所述，使用报纸做炒店宣传，当地的日报、晚报是比较理想的选择。

相较于包罗万象的报纸，杂志的分类化、专门化的特点更为显著，大多数杂志都有着明确的受众群体。杂志的生命周期很长，杂志上并非单纯的新闻热点，而是有着对信息更为深刻、具体的挖掘，一些有着专业知识的杂志，读者会长期反复地阅读。杂志的印刷质量比报纸要高，可以让广告有更好的视觉效果。一些杂志还有折页、插页、专栏等，可以使广告形式更加多样化。

在杂志上宣传炒店活动，最重要的一点，就是根据店铺销售商品的种类选择相关的专门性杂志进行宣传。由于大多数杂志针对性很强，各类杂志的读者一定对该杂志的专业性、权威性有很高的认可，对杂志的内容有较高的信任度。假如你正在经营的是化妆品，那么可以选择在一些美容养颜类杂志上做宣传，这样不仅能直接瞄准目标客户群，也可以借助杂志的专业性和权威性增加消费者对店铺的信任和认可。

同样，使用杂志宣传，最好选择发行周期较短的杂志。但是一些日刊、双日刊的杂志在类型上可能有很大的局限性，并没有贴合店铺特点的专业性，这时，经营者还是要优先选择适合的专业性杂志。因为杂志的发行量肯定是不及报纸的，所以应该追求准确率而非宣传量，直接将炒店活动的信息传递给目标客户的效果要更好一些。

报纸杂志宣传主要是以文字作为媒介，或是配上简单的图片。想要在报纸杂志这文字的海洋中让你的宣传有更高的辨识度，就要在设计上花些心思。

报纸杂志的广告内容设计要考虑以下要点。

1. 版面大小

大版面广告自然比小版面广告更醒目，更能引起读者注意，但是版面越大所花的费用也就越高。如果版面过大，占据了太多空间，导致整面篇幅没有读者想要阅读的内容，读者可能会直接略过整个版面，反而起不到宣传作用。若是版面太小，读者不容易注意到，或是文字过小不易于阅读，也起不到好的宣传效果。根据宣传内容的多少，版面大小会有些许差异，但一般控制在 1/4 版面会有较好的视觉效果。

2. 专栏位置

广告所处专栏位置的不同，也会对宣传效果产生很大的影响。炒店广告安排在什么专栏，要根据你的最主要目标客户群来决定。如果你的店主要面向年轻人，那么可以将广告安排在娱乐、文艺类的专栏。如果主要面向老年人，则可安排在保健、养生类的专栏。杂志的针对性、专门性一般更强，体育类、文学类、时尚类等，都有明确的客户群体，可以结合目标客户群和杂志类型有针对性地投放广告。

3. 版式设计

版式设计应以简洁干净为宜，文字最好不要太多，能让读者以最快速度把握广告的主要内容。读者的第一目标毕竟不是看广告，过多的文字会让读者直接放弃阅读。条件允许的话可以配上图片，或是做彩色版广告，更容易引起读者注意。若是觉得彩色广告花费过高，也可采用一些折中办法，如采用艺术字体或是花样边框等，也能让读者多一些关注。

4. 标题内容

标题和内容才是信息传递的核心，是广告的主体。标题一定要醒目、简洁、新颖，要有“语不惊人死不休”的气势。标题必须与内容相统一、相一致，不能标题说一样但内容说的却是另一样。内容上要单一明确，抓住重点，传递最核心的信息，不要“胡子眉毛一把抓”，包含过多无谓的内容，结果让读者读完后感觉“云里雾里”。另外，在用语上不要太过专业，语言、结构上要通俗易懂，方便读者阅读、理解。

广播电视宣传特点与内容设计

广播电视包含只播送声音的广播以及同时播送图像和声音的电视。

相较于纸质媒介，广播的最大魅力在于它是用声音传播，比起“死板”的文字，“活生生”的声音更容易引发共鸣。而且，主持人的语气、叙述风格也能给广告增添独特的魅力，赋予听众更大的想象空间。

广播的另一大优势还在于，无论受众群体的年龄大小、文化程度高低，对广播都有很高的接受度。广播宣传的成本在各个媒介中可能是最低的，制作也最为简单。广播同样拥有很高的便携性，而且可以“一心二用”，清晨散步跑步或是洗衣做饭时，都可以打开收音机边听边做，对于生活节奏不断加快的现代人来说是很大的优点。

电视如今已基本实现家庭化，对于网络不普及的地区以及不会使用网络的人来说，看电视是他们休闲娱乐的首选。比起广播，电视宣传的成本要高上许多，广告的制作也复杂许多，但是电视能同时传播文字、声音和动态图像的优势是巨大的，文字、声音、图像的组合能生动地展现商品或店铺形象，给广告宣传提供更大的创意空间，加强多样性，使其更具吸引力和感染力。

电视已成为我们生活中的一部分，甚至对我们的思维也造成了一定的影响，生活中让你从两种商品中做出选择，两种商品的价格、功效都差不多，你也分不出优劣。但区别是其中一种你在电视上看过广告，另一种则完全没有听说过，这时你会作何选择呢？很明显，我们通常都会认为在电视上做广告的产品更加可靠、更有保障。

使用广播和电视进行炒店宣传，应首要选择当地的广播、电视频道进行广告投放，炒店主要是吸引当地居民参加，仅在当地投放可避免无谓的浪费。而且在当地的频道进行宣传，也能更方便地同广播电台、电视台进行沟通联络，方便广告方案的投递和修正。

同时，广告的宣传内容应紧扣炒店活动的主题，不需要详细地介绍店铺和商品。把握住三个要素，时间、地点、活动，只要告知消费者在哪一天哪个地点举行怎样的炒店活动，只要让消费者对店铺、对活动本身产生兴趣，愿意在炒店当天来参与，广告的目的就算达到了。不需要让消费者对店内的某件商品产生浓厚的兴趣，想立刻到店里来购买，那并非是进行炒店预热的主要目的。

广播电视的宣传内容更加灵活多样，但无论想做怎样的内容，都要考虑以下几点。

1. 广告时长

广告过于简短普通，仅仅是报上产品或是店铺的名字的话，将无法吸引消费者的眼球，引发他们的共鸣，而且这类“吆喝式”广告也极易引起人们的反感和不信任。广告有一定时长，可以传递更多信息，采用更多样的表现方式，增强广告个性。但是广告时长增加也将直接导致费用的增加，尤其是电视广告更是价格不菲，同时，观众也很难有耐心将太长的广告听完或看完。一般，根据实际的广告方案，以传达完店铺的名称、位置和活动主题为最佳，不需要面面俱到。

2. 播放时段

在哪个时间段播放，也是要优先考虑的问题。在黄金时段播放自然有最多的听众或观众数量，但相对地，费用可能是其他时段的数倍。在选择播放时段时，不一定非要选择黄金时段。炒店宣传是为了扩大知名度，带来“人流”，最终目的是将“人流”变为“客流”，提升销售额。因此，最好结合主要目标群体来选择时段和频道，目标客户群的休息时间是在什么时候，一般喜欢什么类型的节目，根据这些来选择时段，更有针对性，可以避免资金的浪费。

3. 内容形式

广播电视宣传形式比较多样化。例如，广播可以采用互动式，通过两个人之间的对话、问答来进行宣传介绍。电视可以采用形象式，设计一些卡通形象吸引眼球；或是小剧场式，通过虚构的生活小片段，使人们感同身受。无论采用什么方式，都要兼顾信息完整性和内容新颖性，这样更能让人们加深印象，提起兴趣。

电话、短信宣传特点与内容设计

手机是目前最普遍的移动设备，是人们沟通交流中不可缺少的工具。在工作生活中，人们可能会一整天不看报纸、不看电视、不上网，但是一定会接电话、看短信。而且随着智能手机的普及，手机的功能越来越强大，对生活的影响越来越深刻，许多人一天到晚都“机不离手”。

电话宣传是完全一对一的宣传方式，最大的特点在于信息传递的确实性和沟通交流的互动性。给消费者直接打电话进行宣传告知，可以确实保证消费者获取你要传达的信息，避免了不确定性。这种沟通也是即时的、双向的，消费者可以随时提出疑问，你也能随时做出解答。

由于电话宣传的效率较低，难以保证有很大的宣传量，因此使用电话宣传炒店活动时，最好找一份有居住地址的客户名单，根据居住地址的不同选择性地打电话，这样可以用更短的时间扩大宣传范围，提升宣传效率。

最好选择炒店活动正式开始前一两天才开始做电话宣传，若是给消费者打电话的时间过早，消费者很容易把这件事忘掉，而重复打电话则会引起消费者的反感，因此最好选择活动前夕才开始电话宣传。

电话可以和短信结合起来，只要消费者在电话里表达出了一些意向和兴趣，在通话结束后立刻给消费者发送一条关于炒店活动的短信，加深消费者的记忆。

短信可以群体发送，相较于直接打电话效率更高。而且短信的时效性更强，机主可以在他空闲时去浏览，避免了打电话用户在忙或是关机等情况造成信息无法传递的情况。

虽然短信可以保存，但是不能够奢望消费者会去查阅几天前的短信，因此向消费者发送短信宣传炒店活动同样不要提前太长时间，在临近炒店活动开始的几天内才展开短信攻势。

也可以在店内设置短信发送终端，将短信自动发送到在你店铺一定范围内的消费者手机上，这样，路过的消费者可以顺便到你的店铺看一下，加深对店铺的印象，了解店内的商品，增加其在炒店活动当天前来参与的可能性。

电话、短信这种直接面向个人的宣传方式，在宣传内容设计上要注意同报纸杂志、广播电视这种面向公众的宣传方式做出区分。

1. 电话宣传态度礼貌、内容简洁、吐字清晰

礼貌的态度、文明的用语是对他人最基本的尊敬。保持良好的态度，客户一般不会直接挂电话，而是愿意听你说上几句。客户不会给你太多时间，他们能认真听你说上一分钟已经不错了，要在这有限的时间里给客户传达最重要的内容。在对话中要吐字清晰，语速平稳，不仅能避免时间上的浪费，也能给客户留下良好的印象。

另外要记住，炒店活动中做电话宣传，最直接的目的不是销售而是宣传推广，不需要让消费者立刻掏钱购买，因此不用向消费者大肆宣扬店铺的优势和特色，或是对炒店活动内容做细致入微的解释。只要向消费者说明店铺在哪儿，主要经营哪些产品，什么时间举办活动，只要引起他们的注意和兴趣，让他们愿意在炒店活动当天到现场看一看，目的就算达到了。

2. 短信宣传语言有亲和力、信息明确、注重创意

短信并非直接的交流方式，在语言上不必太过正式，只要保持最基本的礼仪即可，在语言上多一些问候、多一些祝福更容易拉近与客户的距离。短信传递的信息要明确，让人简单浏览就能把握主题，如果看完了还不知道你是做什么的，那就是大失败。

短信在内容上和形式上都可以有所创新，让人冲着你的短信风格就愿意把它看完。短信内容也不宜过长，但如果你的短信确实有十足的新意，能引起客户的兴趣，并且看起来条理清晰，不妨碍核心信息的传递，那么稍微长一些也无大碍。

炒店活动中的短信宣传，最好只简单提一下店铺的基本信息（名称、位置、主营商品），重点将炒店中举办的促销、抽奖等活动作为主要信息推送给客户，这能够有效地将你的店铺和同行区分开来。

宣传墙的特点与内容设计

宣传墙是使用政府规定的墙面进行文字图像宣传的一种手段。

宣传墙广告成本低，无论是制作费用还是刊布费用都不是很高。制作快捷，时效长久，宣传墙广告完成后能够长期存在，经过的人可以随时看到。发布环境单纯，受干扰小，一般一面墙体上只有一个广告，避免受到大量同类型广告的干扰。

宣传墙在面积、形状、色彩运用上最具灵活性和主动性。宣传墙不像报纸杂志，受到版面、内容、印刷等条件的限制，对广告的创新设计造成了很大的影响。宣传墙受限制很少，能提供良好的创造空间。只要在规定的墙体面积内，你可以设计任何形式的宣传广告。设计优秀的宣传墙广告有着十分震撼的表现力和视觉效果，能给人留下深刻的印象。

使用宣传墙做广告，最重要的是要给消费者带来视觉冲击力，让消费者看到后忘不掉。广告内容要突出炒店活动的主题，用最简短的几句话总结出来，例如，“一周年店庆，全场八折，引爆全城”，然后在宣传语附近写明店铺名称、地址、活动日期便可以了。保证字体有足够的大小，扩大宣传墙的可视范围。

不要写详细的内容介绍，因为会去仔细看宣传墙内容的人实在是太少了，更多的消费者只是匆匆路过，甚至是坐车、开车经过，写详细的内容根本毫无意义。而且这样会占用宣传墙的面积，反而使消费者不容易注意到炒店的宣传主题。

宣传墙的内容设计的自由度很高，但为了取得最佳效果，也要注意以下事项。

1. 符合市容部门管理规定

在宣传墙绘制广告不能随意而为，要提前与市容、城管部门联系，征得有关部门同意，获取宣传墙的使用权。同时，宣传内容也要符合相关管理办法的规定。依法依规办事，可以避免事后不必要的麻烦，造成经济上、时间上的损失。

2. 宣传墙的位置选择

宣传墙最好选择交通流量大的地点，人流量、车流量是宣传效果的基础。宣传墙是不会动的，而人流则是时时刻刻变化着的，选择所处位置交通流量大的宣传墙能保证炒店活动的宣传被更多的人看到。当然，也应当考虑目标客户群体，店铺的具体位置等因素，在学校、企业、附近小区等地方进行定向宣传。

3. 宣传墙内容规划

要充分利用宣传墙的空间，不浪费一寸地点，但在内容和版面上要清晰、有层次感，不能恣意堆砌内容，造成整个宣传墙看起来混乱不堪。不要只使用单一的文字，文字和图画相结合，配上丰富的色彩，更能吸引眼球，引起阅览兴趣。在色彩使用上，不要大片使用过于艳丽的色彩，那样会引起人们视觉上的压力和不适感。

良好的视觉效果，新颖的宣传内容，是从众多广告中脱颖而出的最好方式。可以请专业的户外广告设计公司来进行专门设计制作，以达到更理想的宣传推广效果。

TCL体验店年拜会
直享集团VIP 马上有礼

TCL体验店年拜会 年末钜惠 直享集团VIP 马上有礼
年拜会时间:1月18-19日
专卖店地址：贾岗小区3号楼2单元
共建和谐社会。
博学路办事处宣
复印

TCL智能云电视
TCL彩电携手大河报
全城以旧换新大行动
TCL以旧换新,旧机折价200—1000元
换新时间:
3月13日-16日
32英寸智能互联网
换新价 1499元
48英寸WiFi智能云电视
换新价 3699元
春风得意马驰千里

宣传墙的内容设计

第二节　预热技巧二——网络媒介宣传

网络媒介是基于互联网发展普及而诞生的一种新兴媒介，在世界范围内都展现出了极其迅猛的发展势头，人们把网络媒介称为继报刊、广播、电视之后的“第四媒介”。

传统媒介的宣传是单向的，缺乏互动的。消费者只能单方面地接收到宣传信息，而难以对信息做出反馈，商家也无法掌握消费者在看到广告宣传后的反应。在网络没有普及的时代，想要同消费者进行交流互动，只能采取面对面交谈，或是通过书信、电话等方式，这些显然都是极度缺乏效率的，根本不可能作为现代商业的主力宣传手段。

网络媒介不仅仅是大众传播媒介，同时也是人际传播和组织传播媒介。网络媒介既可以像传统媒介一样对社会公众进行开放式的宣传，也可以针对个人进行一对一地沟通交流，或是对各个企业内部进行定点定向的宣传，兼顾了宣传的范围和宣传的互动性。

如果说传统媒介已经到了成熟期甚至衰落期，那网络媒介就还处于成长期。网络发展的尽头在哪里？以后还会为我们的世界带来哪些变革？没有人能够清楚地知道。

虽然网络目前在普及度上可能还比不上广播和电视，但是近年来随着技术的进步，经济的发展，网络的普及速度越来越快。全球联网的愿望已不再像几十年前一样是遥不可及的梦想，而已经成为近在咫尺的目标。在网络普及的地区，网络是人们获取各种信息的主要平台，人们每天泡在网上的时间越来越多，而用在观看电视、收听广播上的时间越来越少。

网络凭借其传播速度快、传播范围广、传播成本低、传播形式多样等优势，已经迅速成为各个店铺进行宣传推广的新宠儿。现在，许多店铺在做传统宣传推广的同时，同样会选择在网络进行多方面的宣传推广，通过多种媒介的配合来增强宣传推广的力度。

炒店中互联网宣传的五大特点

互联网宣传的五大特点

1. 互动性

互联网实现了消费者与商家的多种交流渠道，消费者可以随意地查询宣传内容的相关信息，并通过 E－mail 或是 QQ 等进一步向商家咨询。而随着近年来移动电商的发展成熟，客户可以直接通过网络购买产品，在互联网上实现整个购物过程。

互联网宣传让消费者和商家都拥有更明确的选择性。网络广告的选择性在浏览者手中，他们可以根据兴趣和需要点击查阅相关信息。而主动查阅搜索广告的消费者往往带有更明确的目的性，更强的消费动机，更有机会从潜在客户变为真实客户。对于经常购买自己产品的消费者，商家也可以随时与其交流，当有新品到货时，即将举办优惠活动时，可以直接告知消费者，让消费者有被关注、被重视的感觉，提高他们对店铺的好感。

2. 消除时空限制

消除时间与空间的限制，是网络媒介相比传统媒介最明显的优势。传统的报纸、电视等宣传媒介，传播范围往往限定在特定区域中，想把国内的广告扩展到国外，还要经过政府部门的批准、寻找广告代理人、购买当地媒体等复杂的工作。同时，报纸杂志宣传受到报纸杂志出版时间的影响和限制，而广播电视广告则持续时间很短，一个广告短短十几秒，一旦错过就再也无法追溯，不能保证被消费者看到。

互联网是全球相连的媒介，只要目标消费者连接了互联网，相关的广告宣传就能传达到，避免了跨地域而产生的政府、媒体、广告商等问题。而发布的广告储存在发布者的服务器中，消费者在一定时间内可以自由查阅，一天 24 小时，消费者随时可以看到，不像广播电视广告那样一天仅有短短十几秒的时间和机会，广告发布者也不必再忧心广告的排期问题。

3. 较高的经济性

传统宣传方式的投入成本相当高，而其中近 80% 的费用都花在了广告媒介上。而且传统的广告媒介按照宣传的空间和时间计费，广告篇幅越大，所占空间越多，所用时间更长，费用也就更高。尤其是电视广告，不光分分秒秒都是不菲的花费，在不同的频道、不同的时段收费也都不尽相同，想要在一个高收视率频道的黄金时段插播一段广告，其花费远远不是小店铺所能承受的。

互联网宣传的平均成本不及传统媒介宣传成本的 1/10，无论是使用网站推广还是其他网络平台推广，一整年也用不了多少钱。而如果我们使用网络进行自主宣传，虽然效率低了一些，但基本是零花费。而且互联网还可以进行全球范围内传播，在单位价格上更具竞争力，性价比更高。

4. 效果的可测评性

传统广告宣传的效果是难以评估的，我们无法统计有多少人看到了发布的宣传信息，更无从得知有多少人是受到了广告的影响而作出了购买决策。传统的宣传方式更像是“听天由命”，发布了广告，然后期待客流能有所增加，广告究竟有什么优点或缺点，我们无从得知，更难以作出相应的调整。在广告发布后的一段时间，客流有所增加，但也许消费者并非被广告吸引来，或许只是店内某款新进商品引起了人们的注意，如果经营者乐观地认为是广告起了效果，加大了广告宣传的投入，可能会迎来惨痛的教训。

而网络宣传中，我们可以根据客户的反馈信息直接了解到意向客户的反应，而且还可以通过设置服务器端的访问记录软件统计出网页的访问人数、浏览的主要内容等信息，随时监控宣传的具体效果。并且根据客户对不同商品的浏览记录可以看出哪款产品最受消费者的关注，我们可以随之调整经营策略，以这款产品作为宣传的重点。

5. 目标性、针对性强

传统媒介的宣传对象是社会大众，由于技术手段限制，难以实现对不同的消费者群体进行更有针对性的宣传。传统媒介宣传就像大海捞针，通过扩大宣传总数来增加客流，宣传范围扩大10%，可能仅仅带来不到1%的新客户，效率实在说不上高。店铺、商品的目标性越明确，针对性越强，传统媒介宣传就越是达不到商家所期望的效果。

而在网络宣传中，商家则可以根据自己商品的特点、店铺的目标消费群体等因素，到相应的门户网站、论坛去发布宣传广告，提高广告投放的目的性、针对性，提高宣传的效果。使用一些搜索引擎作为宣传推广工具，搜索引擎会根据搜索记录将你的产品推荐给曾搜索过相关产品的网络用户，这无疑能提高意向客户对你的产品的关注。

“用户至上”是互联网宣传的根本

赵先生是一名年轻的经营者，开了一家考试书店，主要面向大学生销售各类技能考试用书，由于种类齐全，当地大学的学生都喜欢到他的店里买书。暑假即将来临，赵先生的书店也要迎来淡季，赵先生决定在学生放假之前开展一次炒店活动，推动店铺的销量。赵先生平时就对网络十分关注，他知道现在上网的人越来越多，尤其是大学生。考虑到大学生多数时间都待在校园内，对报纸、电视接触的机会都不会很多，赵先生决定使用网络作为宣传平台，主要在各个大学论坛内投放炒店宣传信息。

用户至上，是众多企业和商家奉行的理念。各行各业，无论销售什么产品，提供什么服务，最终的目的都是把它们卖出去，否则，就无法生存，更不用提发展壮大了。从这个角度看，用户确实是商家的“衣食父母”。商家不仅要在用户实际消费中注重提高他们的满意度，提升客户体验，在宣传中同样要坚持“用户至上”的原则。

1. 针对客户需求进行定点定向宣传

传统媒介宣传由于平台和方法方式的限制，采用的通常是“狂轰滥炸”式手段，通过提高宣传基数来增加客流。这种做法的效率无疑是很低的，而且对于确实没有相应需求的人群来说，这样的宣传广告只是一种“骚扰”。

互联网宣传的一大优势就是能明确地划分消费者群体，进行更具针对性的传播。像上文中所提到的，在对应的门户网站和论坛等场所发布宣传广告，有更强的针对性。而且现在网友使用的各类搜索引擎可以根据使用者的搜索浏览记录作出相应的产品、服务推荐，将产品和服务推荐给需要的人，这种定点定向宣传无疑更有效率。

向每一个消费者推荐他所感兴趣的商品，让消费者免受不感兴趣的信息的骚扰，这样的宣传才是“用户至上”的最好体现。

2. 交流中注重基本礼仪

互联网宣传更注重趣味性，追求更为幽默的形式和内容，但无论怎样标新立异，都要遵守最基本的原则——注重礼仪，不要为了单纯地吸引眼球，就采用一些低俗的、挑衅式的内容，这样只会损害自身的形象。

网络世界追求的是一个自由轻松的环境。在这里，你可以不把消费者看做上帝，而是把他们当做朋友。也不必要些严肃的官腔官调，那样反而会让人感觉不自在。不过，可以放松但不能放纵，基本的礼仪是要遵守的，信任和尊敬是相互的。

比起传统的宣传方式，互联网宣传的互动性更强，消费者与商家之间有更多的交流，消费者可以随时提出自己的疑问，或是询问更为详细的信息资料。无论是怎样琐碎的问题，都要耐心地对消费者作出解答。若是消费者提出不合理的或是能力范围外的要求，也要作出相应解释，争取消费者的理解。

3. 确保宣传的真实性

“言行一致”，这才是对消费者最好的承诺。无论产品的品质如何，服务的水平如何，在宣传中都要有如实的反映。夸大性的宣传，也许可以给你带来一时的人流量，但随后却会损失更多的客流量，绝对是得不偿失的做法。损失了信誉，你的店铺将无从在市场中生存和立足。你如何对待消费者，消费者就会用相应的方式对待你。给予消费者的是虚假的，消费者回报的只能是离去；给予消费者的是真实的，消费者回报的就是信任和尊重。

一旦你的产品出现了问题，再好的宣传语都会成为网友调侃的对象。农夫山泉的宣传语“我们不生产水，我们只是大自然的搬运工”，本来是一句挺好的宣传语，但在曝光出“水质门”事件之后，网友纷纷吐槽，原来“大自然的搬运工”就是不经过任何处理，直接把杂质也原样搬来啊。

就像我们经常说的那句话，“说你能做的，做你说过的”。确保宣传是对产品的真实反映，是名副其实的，这样才能赢得消费者的信任和尊重。信任和尊重会让越来越多的消费者成为回头客，成为熟客，而不断扩展的口碑效应则会为你带来更高的知名度和更多的客流量。

经营者在设计网络炒店宣传内容时，也要注意实事求是，不要觉得在网络上就是要靠噱头，要靠“语惊四座”来吸引眼球。我们进行炒店可不是为了仅仅赚眼球，让消费者动动脚来到店铺里，让消费者动动手掏钱消费，这才是炒店的目标。如果宣传语太过华丽，而消费者来到现场看到的却是完全不同的景象，他们还会愿意消费吗？恐怕以后都不会再到你的店里来了。宣传语在语言上应该要引起关注，但内容必须是实打实的，真真切切的，夸大性的、有歧义的宣传都是不可取的。

“做减法”助推互联网宣传

为了让炒店的宣传信息传播得更快速、更顺畅，赵先生在宣传语上也动了一些脑筋。他知道，在网络环境中，话太多有时反而会造成反效果。主题明确，简短地说出内容，学生们都能把握住重点。于是，赵先生的宣传语就设计了简短的一句话，“博海书店暑期前优惠，全场八折，童鞋们，来一本回家看吧！”短短一句，清楚地说出了重点内容，而且语言风格上也比较贴合学生的感受。

网络时代是信息爆炸的时代，互联网的发展和普及使得信息的收集、传播的规模和速度达到了空前的水平。人们现在每天接触到的信息比起过去有着数倍、数十倍的增长，而各类移动终端的网络化更是进一步打破了时间和空间的壁垒，让每个人都能随时随地接触到来自世界各地的信息。

我们也许都有过这样的经历和感受。有一件工作要求在今天内完成，如果工作量很大，但集中精力还是能够赶得及的情况下，我们往往能发挥出比平时更高的效率。但如果工作量超过了一定限度，再怎么努力也不可能在今天内完成，这时我们往往会陷入一种自暴自弃的状态中，效率会比平时更低。

现在，信息爆炸时代的人们正面临相似的境地。由于个人所能接收到的信息已经远远超出了其所能承受理解的范围，即使每天24小时浏览信息也不可能掌握其全貌，在浩瀚的信息海洋中人们难以准确把握和寻找自己需要的信息，各类宣传推广信息的“轰炸”更让人显得无所适从，人们对信息的接受度和期待度都在急速下滑，更不会对信息作经常性的深入解读了。

在这种环境下，对宣传进行“减肥”，给消费者的头脑“减负”，变得越来越有必要。

1. 宣传内容单一化、核心化

传统媒介的宣传，由于宣传内容的制作、发布等诸多限制，商家总是尽可能一次性将所有信息都呈现给消费者。而在互联网宣传中，这种传统的思维需要转变。互联网宣传的制作、发布受到的限制都很小，而且可以快速更新，花费的费用也比较少。因此，在互联网宣传中，最好做到一次只说一件事。确保你最想向消费者传递的信息用简单的一句话表达出来，让消费者随意扫一眼就能把握住核心内容。

如果产品和服务比较繁多，必须宣传的信息确实比较多，也应该同样坚持只说一件事的原则，然后通过增加宣传次数将全部信息逐步地传递给消费者。多频次的简短宣传比一次性的长篇大论更容易让消费者接受和记忆，而且多频次的宣传还能起到提醒消费者的作用，加深消费者对你的店铺的印象。

2. 宣传语言简单化、通俗化

网络中的语言环境要比现实中更加自由灵活，互联网宣传也应该跳出传统宣传用语的惯性思维。在网络世界中，有着不同年龄、地位、价值观的人们之间的交流，要远比现实生活中更多、更顺畅。在现实生活中不苟言笑的人在网络世界里也会受到这种轻松自由的氛围影响，说些俏皮话，开些玩笑什么的。

互联网宣传也要配合这种氛围，适时地使用一些网络用语，可以让你的宣传更有“网络味道”，让广大网友感觉更自然、更亲切。根据面向的客户群体不同，也可以采用相应风格的语言。你的店铺一般主要面向当地居民，在宣传语中加入当地的方言、俗语等，能让本地消费者更感觉有亲和力和吸引力。

经营者在网络上进行炒店宣传之前，也要先对宣传内容多做一些“减法”。不要觉着这点内容也不错，那点内容也不错，好像都挺有必要的。如果这样不加取舍地做宣传，你认为这些“很不错”的内容消费者可能一点都没有关注到。要明确这次炒店活动最吸引消费者，最显著的主题是什么，将其提炼成一句话或几条短句，精简到不能再精简，才是最好的、最核心的内容。

“微时代”下的互联网宣传

赵先生是个挺爱“赶时髦”的人，在看到微博兴起后，赵先生也注册了一个，平时没事就刷刷微博，看看有什么有趣的新闻。在看到越来越多的公司使用微博、微信做营销后，赵先生觉得，自己的炒店活动也可以使用微博做宣传啊，毕竟，微博在大学校园内有很强大的影响力。赵先生和大学生年纪相差不大，所以和平时光顾的顾客之间相处得都像朋友一样，于是赵先生在自己的微博上发布了炒店信息后，也请了几位熟客进行转发，直接在大学校园内快速宣传，果然取得了不错的效果。

随着微博、微信等社交类平台的出现和兴起，我国已正式进入“微时代”。等车坐车的时候，吃饭的空当间，睡觉前躺在床上的几分钟，随时拿出手机刷刷微博、聊聊微信，已经逐渐成为一种新的生活习惯。许多网友表示，“每天不刷刷微博，浑身不自在”。“微时代”，用网络将我们生活中最细微的时间填充了起来，信息的发布和传递也随之出现了新的特征和趋势。

1. 流动性

随着3G技术的发展，无线网络的普及，人们对网络的接触不再被局限在室内，上班途中、公交车上、电车上，网络正逐渐遍布我们生活的每一个角落。

2. 迷你化

各类移动终端的进化和普及，让人们使用各类信息交流平台的频率和时间大大增加。人们可以仅用一两分钟的空闲时间看看微信、刷刷微博，在这种情况下，人们接触网络的时间被分割得更碎，这也要求了传播的信息要更加迷你化。为何现在微博比博客使用得更广泛，主要就是微博足够简短。

3. 瞬间性

由于微博、微信内容简短，而且人人都可以通过转发传播，因此信息的传播经常是瞬间性、爆炸式的，前提是你的内容足够好，足够吸引眼球。

4. 扁平化

微时代下的信息传播，不再有太多的层次。每一个移动终端设备都是一个传播节点，每一个人都是一个小小的“媒体”，与之前的信息传播相比，现在的信息传播更加便捷、高效和平民化。

在“微时代”下的互联网宣传，也要结合“微时代”的新特点、新趋势，做出新的变化。

在“微时代”下，口碑的树立比以往任何时候都更重要，也更容易。商家在微博、微信上进行宣传，目的不是让消费者立刻去买，而是让他们知道自己的品牌、产品、活动等，潜移默化中提升自己在消费者中间的知名度和形象。在微博、微信宣传中，不要让人感到过多的“销售气息”，更多的应该是一种纯粹的自我介绍。如果消费者有需求，不需要你去过多地去推销，他们会主动地向你询问或是直接去看看。

在“微时代”下，你的宣传内容要足够有创意，足够吸引眼球。只要你的宣传内容足够好，人们就会愿意转发你的信息，这样一传十，十传百，信息的传播速度将大大超乎你的想象。而且，处于同一交流圈内的人，往往拥有相似的兴趣、价值观、消费观，人们的这种自发性传播定位更准确，针对性更强。来自朋友或熟人的推荐，也比较容易引起重视，人们通常会给予更多的关注。

简而言之，在“微时代”下，宣传要更精简，更有趣，更具互动性，更贴近生活。商家和消费者之间不再是宣传——接受的单向关系，而是充满了信息交流和反馈的双向互动。

在炒店活动方案确定之后，经营者可以让全体员工都开通微博、微信，让全体员工都参与到炒店宣传的预热环节中来。虽然每个人的好友数量都有限，但是朋友间发布的信息更容易受重视，也完全值得信赖。这样，通过朋友间的不断转发，最终的宣传范围和取得的宣传效果也许会远远超出你的想象。

第三节 预热技巧三——店面宣传

在日常经营中进店浏览、购物的消费者其实是最宝贵的资源，因为走进店内的消费者一定对你的商品有兴趣，是你的意向客户，他们更容易对炒店活动产生兴趣。在店铺内部布置炒店活动的宣传物品，能让每一个走进店内的消费者都知道即将开展炒店活动。这种宣传方式显然更有针对性，能取得更为理想的效果。

除了店面的布置，在店铺内部或店铺周围主动向消费者派发介绍炒店活动的宣传单也是进行炒店预热的一种重要方式。主动宣传能确保炒店信息传达到消费者个人，也能扩大店面宣传的范围和力度。

海报张贴位置 VS 店面通透度

小刘在自己所住的小区附近经营着一家电脑配件专卖店，近年来，附近买电脑的人越来越多，小刘的生意也越来越好了，小刘又租了隔壁的一间门面，将自己的店铺扩展了一倍。小刘趁着店面扩张之际，决定开展炒店活动，回馈一下老客户，顺便也巩固一下自己店铺的地位。小刘主要借助网络展开大力宣传，也在当地的报纸上做了广告，小刘觉着等到活动当天一定能吸引不少人。这时，附近一家店铺的大婶跟小刘说，你要做活动，为什么不在店铺里外贴一些宣传广告呢，这样来你店的顾客不就都能看到了吗？小刘恍然大悟，感叹自己当局者迷，只顾着借助其他媒体进行宣传，却忽略了店铺这个好平台。

张贴海报是店面宣传的主要方式之一，也是各个商家经常采用的宣传手法，海报的作用不仅仅是产品的介绍和宣传，同时也是对店面的一种装饰。而这看似无比简单的张贴海报，也包含着不少学问。

（1）海报张贴位置要处在人们视线水平范围内，不要让人抬头或低头才能看到，造成阅览不便。同时，海报张贴处视线要尽可能开阔，不要有物品遮挡。

（2）产品海报应尽量贴在对应产品的附近，让人们看到海报后能很快地找到相应产品。

（3）主打产品或是主打活动的海报要贴在店外或店内最醒目的光洁墙面上。

（4）小型海报可采用多张联贴的方式，例如三张一起组成“品”字形，或是四张一起组成“田”字形等，可以增强视觉冲击力。

（5）海报张贴要适量，并非越多越好，对于面积较小的店铺，会让人感觉店内十分拥挤，海报信息也不能很好地传递给顾客，效果大打折扣。

（6）海报应及时清理，定期更换。海报也是店内装饰的一环，随时保持干净整洁能给顾客留下好印象。

（7）阶段性促销活动的海报，在活动结束后应立即撤掉，以免招致消费者误解，造成不必要的纠纷。

店面通透度能给人们留下关于店铺的第一印象，也是向外界展现店铺风格的一种最直观方式。按照店面的通透程度一般可分为封闭形式、半通透形式、全通透形式。

1. 封闭形式

封闭形式的店面通常不利于店铺信息的传播，人们无法直接从外部得知店铺内部的状况。但是，如果你的主推商品是一些走成熟、优雅路线的产品，封闭形式的店面则有利于增添店铺的气质和格调。或者，你主推的是一些标新立异的，在当地市场中还极为罕见的商品，那么封闭形式的店面则有利于增添神秘感。封闭形式的店面，可以根据店铺的风格路线，在店面外墙的装饰设计上花些心思，同样能保持很强的吸引力。

2. 半通透形式

无论是街边店面还是大型商场内的店中店，都可以采用半通透形式的设计。半通透形式作为一种中间方案，兼具了封闭形式和全通透形式两者的优点，既能向外界传递店内的信息，也保持了一定的神秘感。一般，半通透形式的店面可以在通透部分设置橱窗，进行各个种类标志性商品的展示宣传。在直接向路过的顾客传递店铺主营商品的信息，也能够让顾客保持一定的期待，使他们愿意进店内逛一下。

3. 全通透形式

全通透形式是店面的入口、橱窗、沿街墙面全使用玻璃等透明材质建造而成，一般一楼的沿街店铺都可以采用这种形式，大型商场内的各类品牌专卖店，也有许多采用全通透形式。全通透形式能在视觉上增大店铺空间，让人感觉店铺更加宽敞明亮。同时全通透形式给人良好的通透感，私密程度很小，强调店内店外的信息交流渗透。在顾客没有进入店铺之前，就能对店铺环境、商品类型和特点等有一个清晰的认识。

TCL体验店年拜会 年末钜惠
直享集团VIP 马上有礼
年拜会日期：
元月18日-19日
TCL32英寸
蓝光节能LED
1299元
TCL40英寸
互联网LED
2399元
TCL50英寸
4K智能云电视
5999元

调料 生活用品

TCL体验中心
HENxy2611信阳富达家电商行
全国统一服务热线
4008-123456
TCL体验店年末钜惠 满1000减100 直享集团VIP·马上有礼

TCL体验中心
全国统一服务热线 4008-123456
GREE格力
3M全屋净水系统

验店，您家门口的电器专家！欢迎光临TCL产

海报张贴的实际操作

店内宣传物品布局

店内宣传物品，主要是指宣传展架、展板、堆头、横幅、资料架、资料盒等用于产品介绍、活动宣传的物件。

由于店铺内部空间宝贵，因此宣传物品的布局更要考虑周全，既要起到宣传效果，又不能占据太多空间，妨碍店内顾客和工作人员的视线和行动。

1. 宣传展架、展板

宣传展架和展板要摆放在醒目的位置，最好能让顾客一进门就能看到，但同时不能妨碍通行，可以靠墙壁或是店内的圆柱、方柱摆放。当然，也可以在店铺外入口附近摆放，不过摆放在店铺外的展架、展板要及时清理，保持洁净。

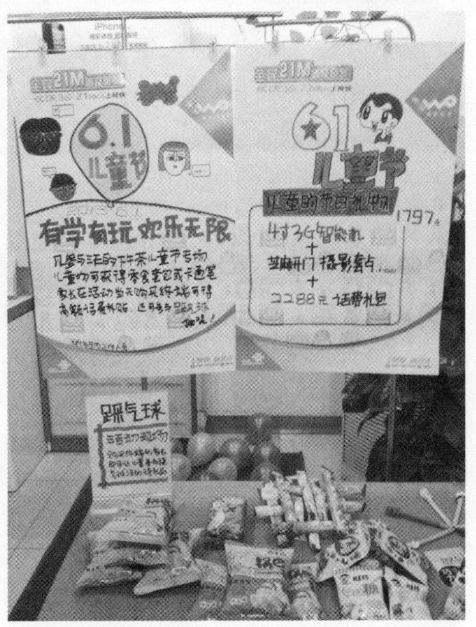

店内宣传物品布局 1

2. 堆头

堆头就是将商品或是商品的包装盒按照一定的形状堆垛起来，既是商品的陈列展示，也容易吸引消费者的目光和注意。堆头一般都要占据不小的空间，所以商家要利用堆头创造尽可能大的效益。

店内宣传物品布局 2

堆头商品一定要是店内最有特色的商品，或是一些最新到货的商品，或是做限时限量促销的商品。堆头的形状同样重要，能通过形状展现出商品的特点固然最好，如果难以表达出商品特点，则要注重层次感，堆出足够吸引目光的形状。

在《史蒂夫·乔布斯传》开始上市时，各大书店都发挥了他们的想象力，将书堆码成各种让人称绝的形状。其中一家书店将书堆成了一个立体的苹果商标，不得不说这是个了不起的创意。

3. 横幅

横幅的内容一般以新到商品、热卖商品宣传为主，或是宣传限时促销、抽奖等优惠活动。横幅通常可以挂在店铺门头下方，既不占据空间，也可以让经过的行人直接了解到店铺的主推商品和优惠活动等，吸引消费者进店。

4. 资料架、资料盒

资料架和资料盒内放入店铺主要经营的商品和品牌的各类详细资料，供有兴趣的顾客深入了解。资料架应放在较为显眼的位置，以便于顾客发现拿取。若店内设有休息区，也可放在休息区旁，顾客在休息时可能会顺便阅览资料。

资料盒可放在柜台旁边便于店内员工拿取，当顾客表现出对某商品某品牌有兴趣时，员工可以拿取相关资料给客户阅览。

宣传单的雷区

宣传单，作为一种最简单、最直接、平价实用的宣传方式，尤其受到各类中小型店铺的欢迎。店铺开业、新品到货、举办促销活动等时候，商家通常都会选择派发传单作为宣传手段。

不过，也有不少商家反映，钱花出去了，传单发出去了，但是却没见到多大效果，是不是宣传单这种方式落伍了呢？从相关统计数据来看，每年制作印刷宣传单的商家是在呈上升趋势，而且行业内人士也都表示宣传单目前在市场宣传手段中还是有很强的号召力和吸引力的。显然，宣传单落伍的说法是不成立的。如果发了宣传单却没取得理想的效果，那么，极有可能是你的宣传单设计踏入了“雷区”。

雷区一：设计敷衍

在同一地区，同类商品的宣传期和促销期往往都是相同或相近的，大家都在同一时期派发内容差不多的宣传单，自然容易造成消费者审美疲劳。想让你的宣传单脱颖而出，让消费者觉得你的店铺是与众不同的，就要在宣传单设计上花些功夫。色彩的搭配、内容的撰写、图片的排版等，都是设计的突破点，要将信息生动、醒目地传递出去。

宣传单应使用彩色，十分不建议使用黑白宣传单，黑白宣传单给人很强的油墨感，消费者的接受率很低，而且很难吸引眼球，消费者通常都提不起兴致去阅读内容。在色彩的应用上，最好结合商品和目标客户来选择。主要面向成熟男性的商品，可以采用稳重系的冷色调；主要面向时尚女性的商品，则可以采用可爱系的暖色调。鲜艳的颜色容易引人注目，但是也会造成阅读上的疲劳。宣传单的设计要注意明暗结合，没有文字的边缘部分可采用明亮的颜色，有文字的部分应采用相对暗一些的颜色，突出文字内容。

文字设计上，可以适当使用一些醒目的艺术字突出重点内容。宣传语言尽量简洁，一行一句话，最好不要出现换行的长句。宣传语可以采用长度相近、形式相似的句子排列，看起来更有气势，也便于加深记忆。不要为了形式上的创新而让文字排版太过跳跃，也不要太过拥挤，使消费者读起来感觉很累。记住，消费者没有义务去看宣传单，如果他感觉看着不方便，会毫不犹豫地放弃。

图片比文字更容易浏览，也更容易给消费者留下印象。宣传单的图片选择，首先，质量要高，图片要看起来十分清晰，模糊不清的图片不会给消费者留下好印象。其次，图片风格要统一，统一的风格会让宣传单更像一个整体，否则就给人东拼西凑的感觉。最后，图片要和内容相关，在文字旁配上相应的图片是对内容的形象表现，一些与内容无关的装饰性图片，也要注意和商品、店铺的整体格调相统一。

雷区二：印刷质量差

一些经营者为了节约成本，利用一些不正规的小印刷厂来印制宣传单，制作出来的宣传单纸张和印刷的质量都很低劣。文字、图片的印刷质量很差，看起来不够清晰，消费者难以辨识宣传单上的内容，炒店活动信息当然难以传达给消费者。

有些宣传单还带有刺鼻的油墨味，甚至于会在消费者的皮肤和衣服上沾染上油墨，这种宣传单显然不可能给消费者带来好感，别说让消费者去阅读宣传单内容了，他们可能刚刚接下宣传单就皱着眉头把它扔到垃圾桶里了。

有些经营者表示，由于地域限制，当地没有比较好的印刷机构。其实，大可以借助网络，利用现在流行的在线印刷平台来印制宣传单，不仅价格公道，而且印刷质量绝对有保障。

雷区三：宣传单信息不实

前两个问题，可以通过联系专业的设计机构和印刷机构来解决，而出现了信息不实的问题，经营者就要反省自己的态度和理念了。宣传单是为了让商品和店铺看起来很有吸引力，但绝不是让你去夸大其词，宣传不实信息。不切实际地夸耀自己的产品质量和功效，发布无法兑现的优惠促销消息等，这种极端的做法也许可以引起一时的关注，但随之而来是失去消费者的信任和店铺的信誉，这样就很难在市场中立足了。

"狼来了"的故事告诉我们，谎言说多了就会失去信任，再说真话也不会有人相信。在店铺宣传经营中，说谎的机会一次也没有。只要对消费者传递了一次不实信息，就会永远地失去他们，因为现在消费者的替代选择实在太多了。经营者要从主观上杜绝夸大宣传的思想，客观上做到实事求是地宣传。

十招搞定宣传单设计

辛辛苦苦设计制作的宣传单，消费者顺手接过后看都不看或是随便扫一眼，就在下一个路口扔到垃圾桶里了，这样的场景无疑让经营者感到很郁闷。

现在在路上随便走一会儿，就能接到十张以上的宣传单，看起来也都大同小异，也难怪消费者对待宣传单越来越冷漠。如何让消费者将宣传单多看一眼，多留一会儿，是很多商家都苦恼的问题。其实，只要跳出传统思维，就可以轻松将宣传单玩出“花样”。

1. 行业联动

可以研究一下店铺所在的商圈，有没有能与自己形成共生关系的行业，同对方联合宣传，分摊宣传单印刷、派发费用，既能节省资金，也能给消费者提供系统性的选择。例如，开一家蛋糕店，可以和周边的礼品店一起宣传，这样，购买生日蛋糕和礼物的消费者就免去了分别寻找店铺的麻烦。

2. 增加功能性

在宣传单上加入消费者日常生活中需要用到的信息或是便民服务。例如，印刷上周边地图、公交线路、日历、生活小常识等，虽然占据了一部分宣传单空间，但是可以让消费者将宣传单多留一段时间。

3. 让利消费者

将宣传单作为促销优惠的直接工具，让消费者拿到宣传单就能获得某种利益。例如，将代金券或优惠券直接印在宣传单上，消费者进店消费就可以拿宣传单冲抵一部分现金或是享受一些折扣。让利也许不多，但可以让消费者在犹豫不决时优先选择你的店。

4. 嫁接式优惠

嫁接式优惠是一种间接式优惠，在宣传单印上其他行业的优惠券，如电影院、餐饮店等，并且规定优惠券必须到你的店铺去盖章才能生效。这种方式可以将更多消费者确实地吸引到你的店铺中来。

5. 抽奖活动

传统的抽奖活动一般是进店消费一定额度后获得抽奖机会，但这种方式未必能吸引很多人过来。炒店的第一目标是增加人气，可以将宣传单直接运用在抽奖活动中。比如，可以将宣传单加上编号，派发给消费者，告诉他们抽奖活动的时间地点，只要摇到他们所持的编号，就可以获得奖品。这种方式不需消费者的任何花费，因此可以吸引更多的人来到店铺旁参与抽奖活动。

6. 发放赠品

这种方式就是将宣传单与主打商品的试用装捆绑发放，但是不要采用直接发放的形式，而是在宣传单上告知消费者到你的店铺去领取试用品。这样可以增加店铺的人流量，而且愿意来领取试用品的一定是有一些意向的消费者。

7. 注重实用

宣传单未必都要做成单页纸张形式的，改变一下外形，可以让宣传单不仅能看还能用。例如，将宣传单做成信封，或是做成纸袋。这样虽然增加了一些成本，但总比消费者直接将宣传单扔掉要好吧。而且，如果消费者使用了这种信封或纸袋，还可以起到多次传播的效果。

8. 电子化

随着网络的普及，宣传单也不必只在线下发放，也可以选择在线上发放。做一张电子版的宣传单，通过彩信、邮件、微信等方式派发给用户，不仅新潮，而且不会造成消费者携带上的不便。

9. 做"标题党"

这里的"标题党"主要是指通过主题、色调、文字运用等综合设计，使宣传单更能吸引消费者注意，而不是去做一些名不副实的宣传。同时，也可以利用消费者的一些消费心理，例如将价格定为 99 元或是 998 元等，通常能够不超出消费者的心理底线，让消费者觉得便宜一些。

10. 走人文路线

走人文路线就是将宣传单同派发人员的综合素质相结合，注重派发人员的素质修养。无论是专业还是非专业人员，无论有没有派单经验，都要进行一定的派单礼仪培训，避免强行塞单的现象。

客户接收宣传单的四大关键触点

在使用宣传单进行宣传时，除了消费者不愿意看的问题外，更让人苦恼的是有时消费者根本不愿意收，大量印刷的宣传单结果却发不出去。还有一些派单人员为了完成任务，采用一些投机取巧的方法，比如一次发出多张宣传单，或是强行塞给消费者，这样显然不能取得很好的宣传效果。

如何让客户心甘情愿地接收你的宣传单，就要掌握住四大触点。

1. 时间触点

虽然宣传单从递到接只是短短一瞬间，但也要把握好时机。如果消费者正在聊天，或是在用餐，这时去向消费者发放宣传单显然不是一个好的选择。可以选择消费者在等待饮料、餐点，或是稍作休息的短暂时间发放宣传单，消费者一般会接下，而且可能会趁着这段空闲时间大致看一下。

2. 视线触点

无论在形式上还是内容上，宣传单都要做出新意，够醒目，吸引消费者的视线，看起来很有吸引力的宣传单，消费者自然愿意接收。上文中介绍了许多宣传单的设计技巧，可以根据自己店铺的实际情况选择适合的方法，将宣传单打扮得“亮丽”一些。

3. 轨迹触点

拥有相似兴趣、价值观、消费倾向的人就构成了一条轨迹。轨迹触点，就是瞄准目标客户群进行宣传单派发，将宣传单发给明显不需要的人显然不是明智的做法。如果你的店铺专营男装，那就选择男性消费者作为发放对象。如果你的店铺专营女性化妆品，那就选择女性消费者作为发放对象。要明确店铺的市场定位和目标客户，将宣传单发给有需求的人。

4. 关键触点

宣传单的派发也是店铺形象展示的一环。让宣传单派发人员身着统一服装，向消费者派发时面带微笑，用语礼貌，礼仪良好。面对这种情景，恐怕大多数消费者都不好意思拒绝，而且也能给消费者留下良好的第一印象，让消费者觉着这家店铺也一定是正规、可信的。

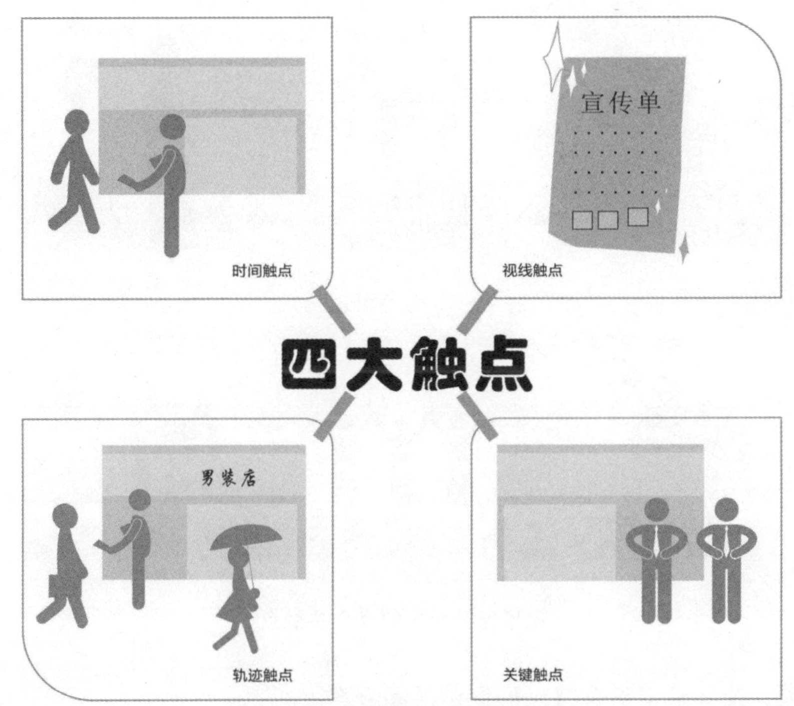

客户接收宣传单的“四大触点”

现场促销预热关键点

通过各种宣传手段将消费者吸引过来后，配合上现场促销活动，可以进一步点燃消费者的消费欲望，聚集人气。现场促销活动能够有效地增加人流量，增加销售额，还有利于消费者与店铺的情感沟通，是炒店活动中重要的一个环节。

现场促销活动在策划、准备、举行时都要做好周密的安排，以免发生现场促销活动失控的情况。

1. 通过市场调研，筹划活动方案

事先做市场调研，调查消费者对于哪种促销方式最为认同。是买一送一？还是折扣促销？不同年龄段的人面对不同的行业可能都有不同的答案，要做好信息统计工作。根据店铺的经营范围，结合实际情况，参考调

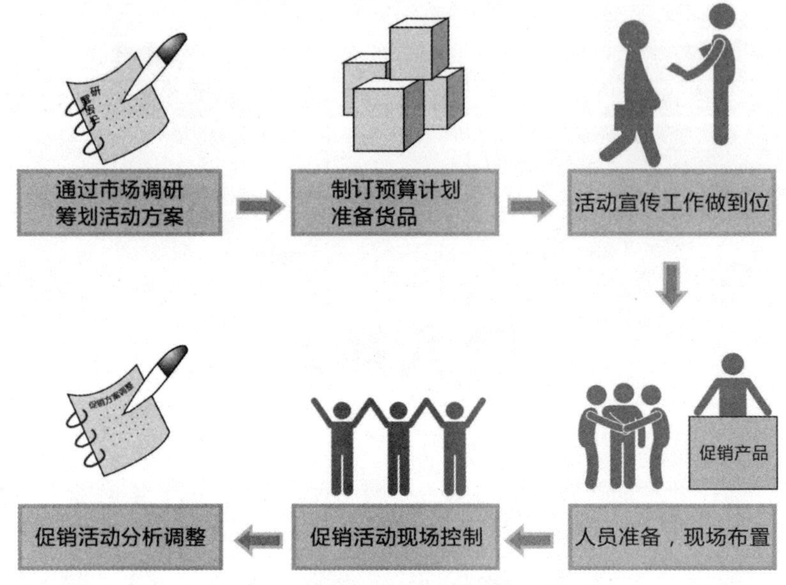

现场促销预热的六个关键点

查结果，最终确定适合自己的促销活动方案。

2. 制订预算计划，准备货品

促销活动的费用与促销的规模、时间成正比，要提前做好预算计划，以免超出自己的经济承受能力，给店铺的后续经营带来资金问题的困扰。

采用折扣促销的方案，要提前确定好各种商品的折扣，保证打折后的价格不会影响店铺的赢利。促销是为了薄利多销，利润还是要获取的，不能“赔本赚吆喝”。虽然也有一些实力较雄厚的店铺打了较多的折扣，不赚钱甚至赔钱来增加人气。但是较多的折扣拉低了消费者对相应产品的心理价位，反而不利于后续的销售，因此这种方法要慎用。

采用买一送一的方案，要确定好与不同商品搭配的赠品，赠品的成本不能超出搭配商品的销售利润。同时，各个种类的商品要与其搭配的赠品在数量上相当，避免赠品太早送完或是剩余太多。

人气商品的备货一定要充足，以免出现“有市无货”的情况，有损店铺的形象和信誉。

3. 活动宣传工作做到位

促销活动宣传工作要提早展开，只靠活动当天来吸引周围及路过的人是不够的。活动宣传要注意时间，如果宣传太早消费者容易忘记，宣传太晚消费者可能已有安排而无法前去。一般可以在促销活动开展前三天进行宣传，并贯穿整个活动周期中，直到结束。

4. 人员准备，现场布置

根据店铺大小、促销活动规模，准备足够的人手。导购、收银、发货，各个岗位的人员都要备齐，并做好相应的培训工作。做好现场布置并让工作人员熟悉现场，确保促销活动当天带给消费者良好顺畅的购物体验。

5. 促销活动现场控制

促销活动现场，最重要的就是营造热烈的氛围。现场可以通过播放音乐，举行抽奖活动，工作人员喊同一口号等方式增加现场热度，感染消费者，促进消费。工作人员要时刻维持现场秩序，避免商品受损、人员受伤的状况出现，保障销售工作能顺畅进行。

6. 促销活动分析调整

促销活动规模不同，周期也不同。无论周期是几天，在当天促销结束后，都要召集全体人员召开会议，讨论在今天活动中存在的问题和不足，及时商讨方案对策，对促销活动进行调整，保证明天的促销活动取得更好的效果。即使是只举办一天的促销活动，也要在结束后作出分析总结，作为下一次活动的经验参考。

第四章
炒店“七部曲”之四——资源整合

第一节　准备物料

“工欲善其事，必先利其器。”任何活动，都不可避免地要消耗一定的资源，炒店活动也不例外。充分的物料准备，能确实保证炒店活动的顺利进行，营造出炒店现场的气氛。

若是在炒店活动开始时才发现一些宣传物品或是奖品、礼品没有准备齐全，就要被迫临时变更炒店活动方案，去除一些活动环节，或是缩短活动时间。这都会导致无法充分地利用人力资源和时间资源，使炒店的效果大打折扣。而且临时的方案变更会对炒店活动整体的统筹规划造成影响，对整个炒店活动的执行造成不同程度的阻碍。若是店内的商品准备不充分，尤其是热销商品和促销商品数量不足，不仅直接影响到销售额，使炒店活动无法达到最大的效果，也会使客户选择到竞争对手的店铺内消费，造成客户流失。所以在炒店之前，就要根据活动具体方案，提前准备好物料。准备物料既是炒店计划的一部分，也是活动前期重要的准备过程。

根据策划方案列出所需的各种物料

张小姐经营着一家服装店，主要商品是各式牛仔裤。近期，张小姐计划开展一次炒店活动，想吸引更多的消费者，来拉动店铺的销量。而炒店活动不免要使用各种物料，宣传物品、礼品奖品、主推商品等。但是可以用来做炒店活动的物料有那么多的选择，究竟要选择哪些呢？张小姐迟迟做不出决定。于是张小姐决定先制订炒店活动方案，然后将每一项活动可能需要的物料全部列举出来，再一一做出选择。

炒店中最重要的物料就是商品，我们炒店的最终目的就是要尽可能卖出比平时更多的商品，达成销量和销售额的一次飞跃。因此店内经营的各种类型、各种型号的商品都要有所准备，尤其是主推的人气商品或新进商品，还有一些准备在炒店活动中做优惠促销的商品，更是物料准备的重中之重。

宣传物料是炒店活动中向消费者传递信息的重要工具，如宣传单、横幅、展架展板、资料架、海报等。各类宣传物料既能让消费者留意到炒店活动本身，也能让消费者对商品和炒店活动有一个具体的了解。

活动物料是炒店中开展的各项具体活动所需的物料，炒店中开展的各项活动是吸引消费者前来参与的有效手段。例如抽奖活动，抽奖箱、抽奖条、奖品等都要提前准备好。如果要开展路演，则要准备好舞台、音响等设备。

在这个阶段，先不要考虑列举出的物料是否用得上，尽可能多地列举出各项物料，为之后的物料清单制定提供更多的选择。

最终确定物料清单

张小姐在制订完炒店活动方案后，各种可能需要的物料也全都罗列了出来。但是那么多的物料，也不大可能全部用上，成本上会超出预算，而且有些物料并不适合自己的店铺使用。张小姐一开始列举出了气球拱门、热气球等装饰宣传物品，但是考虑到自己的店铺门面较小，店铺前也没有太充足的空间，并不适合设置这些，于是张小姐将其从清单内剔除，而采用了横幅装饰门头。

我们在罗列初始物料清单时，同种类型的物料准备了多种选择，如装饰品、宣传品、小礼品等，可能分别列举了十多种。这些物品的性质作用都比较相似，未必全都需要。在这个阶段，我们就要根据具体的炒店活动方案和实施流程，充分考虑店铺布置、活动规模、效果预测、成本等因素对各项物料做出评估，进行一定取舍，选出最适合本次炒店活动方案的物料。就这样一步步地参照炒店活动的具体方案，对初始物料清单进行不断地精简修正，来制定出最终的物料清单。

所需的物料确定后，各种物料所需的具体数量也要随之明确。物料的准备要充足但不可盲目，如果物料准备的数量远超炒店活动的规模，那么只是毫无意义的浪费。一些炒店活动拥有明确的主题，专门准备的一些宣传物料可能只适合这次的炒店活动，之后的经营中是否还用得上，什么时候用得上，全部都是未知数。商品的数量也要根据市场调研的结果或者是以往的销售数据等信息做出销量预计，尽可能准备最为贴合市场的数量。虽然在炒店活动后这些商品也能继续进行销售，但同类型、同型号的商品销售数量过多可能会造成当地市场饱和，增加后续销售的难度，造成商品积压。所以，不能为了保证炒店活动期间有充足的货源就盲目进货，市场才是真正的指导者，要根据当地的市场环境准备合适数量的商品。

备齐物料

张小姐在列出最终的物料清单后，便立刻安排人员负责物料的准备。考虑到时间方面的因素，张小姐决定就近从本地市场购买，这样对物料备齐时间能有更清楚的把握，而一旦发现物料在质量、数量方面出现了问题，也可以及时找商家沟通、调换。另一个问题是具体物料的选择，想要采用质量好的势必要付出更高的成本代价，是选择高质量还是选择低成本呢？张小姐决定对于一些对质量要求不高的物料，如横幅、气球等，不需要买贵的，只要质量过得去就行，而对于一些礼品和奖品，则一定要保证质量可靠，大奖选择知名品牌的产品。

物料的准备要注重时间、地点、成本、品质的选择，以达成这几个方面的组合最优化。备齐物料的时间当然要在炒店活动开展之前，最好能留足两到三天的缓冲时间，以防万一，尤其是宣传单还有一些定制的礼品这类需要临时制作的物料，一定要和厂家沟通好明确的交货日期。

店内已有的物料当然要优先采用，比如展板展架，产品海报、资料页等，如果店内还有足够的存货就不用再去购置了。像是抽奖箱、资料盒等简单的物品，可以利用店铺内的纸箱、纸盒等自己制作一个，避免不必要的花费。一些不常用的非消耗品，如气球拱门等，也不需要购买，可以通过租借方式备齐，既节约了一部分费用，也避免了活动后占用店铺仓库空间。如果要开展路演活动，可以请专业的路演公司安排相关事宜，舞台、音响都可以一并租借，虽然花费不小，但可以节省许多时间和精力，也能保证路演的效果。一些小赠品、小礼品单价不高，但由于数量较多，加起来也是一笔不小的成本，时间允许的情况下可以多去一些相关的店家去看一看、问一问。

检查确认物料

在采购人员购置完所有的物料后，张小姐按照物料清单对物料一一进行清点。在确认物料的种类、数量都准确无误后，张小姐放下心来，物料准备工作这才算彻底完成。

在备齐物料后，按照清单对物料逐一清点是确保物料准备不出差错的最终把关部分。检查是否有遗漏的物料，发现有遗漏物料时要立即进行采购补充。若是在近期内缺货、无货的物料，商讨一下是否能采用其他替代品。人气商品和促销商品的数量如果不足够，要联系供货商迅速进行补货。

炒店物品准备表

序号	名称	准备方式	数量	单价	金额	备注
1	宣传单	购买	3000	0.1	300	√
2	气球	购买	300	0.1	30	√
3	横幅	购买	1	—	50	√
4	抽奖箱	自备	1	—	—	√
5	面巾纸	购买	1000	0.4	400	√
6	吉祥物玩偶	购买	100	—	—	—
7	音响设备	租借	1	—	—	—
总计						

如上表，商家可以根据实际需要制作一个表格，将所需的物料一一列举出来，包括准备方式、数量，并根据单价计算出每一项花费的金额，准备好一项就在备注栏作出标记，全部准备完毕后计算出全部的花费。这样不仅能有条理地准备活动所需的物料，避免遗漏和准备不足，也能清楚看到物料单项费用和活动总体费用，做好相应的预算计划。

第二节　营造氛围

氛围即是围绕某种主题，通过现场环境的布置，让人们感觉到某种统一感的气氛。

在过年时，家家户户都会仔细地打扫家里的卫生，贴对联、挂灯笼、放鞭炮等，为的就是营造出过年的喜庆氛围，让自己能以一种轻松愉悦的心情享受这与家人团聚的时光。

当我们走在商业街上，看到许多商家都在举办优惠促销活动，是不是也会心痒难耐地走进几家店内看一看，买上一两件衣服、鞋子？哪怕我们一开始只是打算随便逛逛，并没有购置衣物的想法。

各种装饰、音乐、表演都是营造氛围的手段，不同色彩的装饰，不同风格的音乐，不同形式的表演都能营造出不同的氛围。例如快餐店内，整体装修风格都会偏向暖色调，音乐也多是播放一些快节奏的。而在咖啡厅内则完全相反，店内装修风格偏向冷色调，音乐也多是播放一些轻柔、舒缓的。

通过现场的布置能够对氛围做出一定的引导，但氛围真正的传播者还是人。如果过年时你孤身一人，即使你把屋里布置得多喜庆估计你也高兴不起来，街上的鞭炮声和欢闹声反而会让你的内心感觉更加凄凉。如果在商业街上看到各家店铺都在打折促销，但是店内的人却寥寥无几，这时你还有心情去店内看一看吗？无论是何种氛围都需要人来传播、来升华，我们需要有人共同分享才能更真切地感受到氛围。

炒店，就是要通过现场的布置、宣传、表演来“炒”出火爆的氛围，让活动现场 high 起来，用热烈的气氛感染消费者，让消费者尽可能多地参与到炒店现场活动中来。氛围就像是一种连锁反应，参与的人越多，氛围的传播力度和速度就会越高。营造氛围的关键不仅在于活动现场的布置，将消费者“抓”到活动现场，让他们亲身参与，能更好地营造出炒店现场氛围。

氛围营造必须满足的两个条件

氛围营造在活动开始前就要做好准备，在正式开店前，就要安排员工户外所需的一些物料，如搭建好帐篷、舞台等，以备活动随时开展。活动当天上午是氛围营造的一个重要时段，在这个阶段吸引足够多的人流量能为活动的开展奠定良好的基础。在活动接近尾声时也要积极地营造氛围，甚至可以在闭店后延续一小段时间，为下一日的活动做宣传准备。

活动现场的氛围营造，无论在哪个时段，采用何种方式，都要遵循两个条件。

1. 不影响店铺正常营业

营造氛围是为了吸引人气，但最终目的是将这些“人流”变为“客流”，让消费者受到气氛的影响掏钱购买商品。如果营造氛围的一些活动给消费者购物、店铺的运营带来了不便和麻烦，那就绝对是得不偿失了。

要使氛围营造不妨碍店铺的正常经营，就要注意时机、地点、方式的选择。氛围营造要选择消费者情绪开始低落，店内人流量开始减少时适时展开，提升人气。若是店铺处于饱和状态，就可以暂时停止氛围营造。发放赠品的地点可以安排在收银台附近或是出口附近，让消费者在付款或是离开的时候顺便收取，避免消费者排队造成时间的浪费，也避免了对现场行动的阻碍。一些耗时较长的活动，如抽奖，可以安排在店外，防止店内出现拥堵的情况，但不要离店铺太远，最好紧靠门店旁边。

炒店中怎样营造氛围

2. 对活动内容保持一定的隐秘性和新鲜感

在做宣传的时候，不要将全部活动内容都事无巨细地告知消费者，要保留一些“底牌”，给现场观众带来惊喜。营造氛围的手段不要一次性地全部使出来，否则很容易让消费者失去新鲜感，降低期待值。要分时段将氛围营销手段一条一条地展示出来，保证消费者在一整天的活动中都能有不同的体验。

在当天活动刚开始时，主要是以发放传单、播放宣传用语等方式先吸引一部分人气。等到人流量有一定基础后，可以举办抽奖、有奖竞猜等活动来炒热气氛。在活动进入后半段或接近尾声时，可以配合现场气氛放出一些“隐藏招数”，例如向消费者宣称，为回馈广大来参加活动现场的消费者，临时决定展开某些商品的限时促销，或是实行更大力度的优惠活动等，能够顺势将现场气氛推向最高潮。

氛围营造的五个技巧

营造氛围的方式很多，店铺内各项商品、宣传品的摆放，店铺外各类活动现场的布置，在炒店活动中准备的各种物料都能成为营造氛围的工具。而各种物料的选择、布置都要掌握一定的技巧，才能营造出好的炒店氛围。

1. 宣传单印制技巧

宣传单是让消费者了解炒店活动内容的重要方式之一，内容有吸引力的宣传单才能让消费者愿意去活动现场、去店内看一看。

活动当天派发的宣传单，要突出炒店的主题。比如炒店是借助母亲节、情人节等节日，或者是借助周年店庆的机会，那么就可以将这些节日或店庆作为宣传单的主题，这样消费者就会将炒店同这些节日联系起来，提高对炒店的感知度。

宣传单内容最好和现场促销优惠活动联系起来。例如，在宣传单上印制“免费抽奖”或“进店抽奖”的标志，作为参加抽奖的凭证。或者是印制上代金券、礼品券等，购物可凭宣传单冲抵现金、领取礼品等。最好在宣传单下方或者背面设计一个资料栏，用以搜集消费者的基本信息。

2. 礼品、奖品选择摆放技巧

免费发放小礼品和开展抽奖活动是吸引消费者前来，炒热现场气氛的有效方式。

活动现场的礼品和奖品，一定要慎用食品、饮料和有安全隐患的物品，如牛奶、果冻、打火机等，以免因质量问题而对消费者造成伤害。

礼品和奖品应选择日常生活中有实用性的物品，如水壶、洗衣粉、台灯等。也可以根据季节选择礼品，例如夏天可以选择太阳伞、遮阳帽等，冬天可以选择手套、“暖宝宝”等。礼品选择最好能与销售的商品相匹配，例如，卖羊毛衫可以赠送护理毛刷、柔软剂等，卖手机可以将存储卡、读卡器等作为奖品。

一些小礼品，如小玩偶、手帕等，可以印上店铺的 Logo，由店里统一定做。如果是知名品牌的专卖店、代理商，可以联系厂家，请厂家准备一些印有品牌 Logo 的赠品。

礼品、奖品应当摆放在店外较醒目的位置，让经过的消费者都能第一时间看到。数量较多、体积较小的小礼品、小奖品可以摆放一部分实物在桌子上，而数量较少、体积较大的大奖则可以只将包装盒堆放在店外，并在包装盒上贴上带有“大奖”字样的爆炸贴吸引消费者的目光。

3. 帐篷设置技巧

帐篷是店铺在户外空间的扩展，不仅能为店铺在户外设置的活动提供一个遮阳避风的场所，也能将参与活动的消费者有秩序地聚集到一处，让活动的进行更有条理性，更受人注目。

帐篷应该至少准备两顶，摆放在离店铺最近的位置。帐篷可以设计多种用途，如作为礼品发放处、抽奖活动地点，或是提供相关产品体验活动，作为商品咨询平台，还可以在帐篷中销售某些商品，分散客流。每个帐篷都要根据自身的功用在帐篷外挂上醒目的介绍条幅，方便消费者辨识。

作为礼品发放点的帐篷，可以在桌子上摆放礼品堆头，无法堆放的礼品可以采用悬挂的方式设置，用来引起消费者的注意。作为抽奖地点的帐篷，可以在放置抽奖箱的桌子上铺上红色的桌布增添气氛，奖品可以直接摆放在帐篷内部，吸引消费者的目光。提供体验活动的帐篷，除了准备相应的商品外，还要准备商品、活动的详细介绍资料，派发给参与体验的顾客。

经营者可以根据活动的进度和现场的具体状况，及时调整帐篷的功用，保障活动现场的高效率。

4. 店铺布置技巧

店铺内部是销售的主战场，所以店内的布置一定要烘托出优惠促销的气氛，这样才能有效地刺激消费者的购物欲望。

店铺入口处可以铺设地毯或地贴，设立气球拱门，悬挂宣传横幅、宣传热气球等，经营者可以根据实际需要进行取舍选择。

店铺内部可以悬挂吊旗，张贴海报、爆炸贴，捆绑气球等方式，烘托现场的热烈气氛。店内要注意卫生和通风，保持整洁舒适的购物环境。

持续地播放音乐也是必不可少的手段，音乐的选择可以根据商品的类型、店铺的格调来选择，销售运动类商品可以播放有青春活力、有激情的歌曲，销售高雅的商品可以播放悠扬的抒情类歌曲。无论选择什么类型的歌曲，都不要为了炒热气氛而将音量设置得过大，音乐音量太大会影响顾客之间、顾客与工作人员之间交流，而且容易使人心情急躁、情绪不佳，反而不利于后续销售。

人气商品、优惠促销商品一定要摆放在店内最醒目的位置，将商品的实物或是包装堆垛起来，并在旁边贴上诸如“惊爆价”“超级特惠”之类的标识，吸引消费者的注意。

5. 户外氛围营造技巧

户外氛围是消费者能够最早接触到的，而且传播范围很大，只要在店铺附近的消费者都能够感知到。户外氛围营造是大范围、大规模聚集人流的关键。

通过投放户外音响设备，播放调动情绪的激情音乐，以及循环播放活动宣传内容，制造户外现场效果。进行一些舞台表演节目，壮大现场声势。舞台设备尽量设置在店铺门前的宽敞地带，如若因店铺位置限制没有摆放舞台的空间，则就近选择地点设置舞台，配合指示标牌、地贴等，并安排引导人员，引领消费者进入店铺。

如果有条件的话，可以在户外设置宣传大屏幕，播放商品、活动宣传广告，可以丰富宣传形式。比起单纯的靠声音的户外音响宣传，同时播放影像和声音的宣传屏幕更容易吸引消费者的注意，也能给消费者留下更形象、更深刻的印象。

第三节　人员分工和培训

任何活动的策划、实施者都是人，人员是活动中重要且不可或缺的一部分，炒店活动也不例外。在炒店活动开始前，对人员进行明确的分工，开展相应的培训，能有效地提高员工的执行能力，确保炒店活动能够有条不紊地进行。

人员培训在任何时候都不能怠慢，每一个岗位的员工在实际工作前都要经过专门的培训，培训不仅仅是工作技能的传授，工作态度、职业道德的培养同样尤为重要。

如果店铺已经经营了一段时间，店内的员工都已经接受了各自岗位的培训，也积累了一定的工作经验，每位员工都职责明确，那么在炒店前是不是就不需要再做分工和培训了呢？答案是否定的。在炒店期间，虽然我们卖的还是和以往类似的产品，但具体工作内容和形式都会产生不小的变化。例如抽奖活动，这是日常经营中所没有的环节，需要专门安排人员来负责。还有派发宣传单，日常经营中可能也会派发宣传单，但在人数和时间上肯定都比不上炒店期间。炒店期间，销售人员肯定要接待比平日多得多的顾客，那么在话术和销售技巧上，势必也要进行一定的改进。

炒店活动开始前，若是没有对炒店人员进行明确合理的分工，没有进行过针对性的具体培训，那么炒店人员在活动当天难免会出现不知所措、手忙脚乱的情况，这会直接影响炒店的效果。

将活动分为不同的模块

王先生在当地经营着一家小型百货商场，由于周围有几个居民区，一直以来生意都相对不错。为了进一步扩大自己的店面在当地的影响力，王先生决定趁着元旦节的机会开展炒店活动，策划了进店发放礼品、购物抽奖等吸引消费者的活动。为了确保每个活动都有充足的人员负责，并且不影响到正常营业，王先生决定先对炒店活动整体进行分类，以此来分配人员。

由于炒店期间，店铺开展了许多平时没有的活动，所以一定要先根据炒店活动具体包含的环节对员工进行新的分工。在做人员分工之前，要对炒店活动有一个整体的把握和认识，将活动划分为不同的模块。模块的划分没有固定的标准。可以按照区域特点划分，如销售区、礼品区、抽奖区等。也可以按照工作性质划分，如引导、导购、收银、管理等。

经营者可以根据自身的认识和实际的需要选择合适的划分标准，无论采用何种标准划分，原则都是分工要清晰明确，保证面面俱到，顾全活动整体。

为每个模块分配一定的人员

王先生按照工作性质的不同将炒店活动分为宣传引导、收银、销售、抽奖等模块，并根据工作量来分配人员。王先生的店有两层，因此收银工作安排了两人，分别负责上下楼层。宣传引导工作分配了两个人，轮流引导客户，保证轮换时间能够衔接上。抽奖工作分配了两个人，一人负责抽奖，一人负责带中奖的消费者去领奖。销售工作则是确保每个柜台至少有一人负责。

为各个模块分配人员时同样要考虑到员工的性格和能力。例如，宣传引导工作就要安排能说会道、性格开朗的员工来执行。一些员工由于工作时间较长，拥有更多的工作经验，能够适应多个岗位的工作，可以优先考虑将这些员工调动到其他岗位上。其他需要调动岗位的员工则选择将其调动到与原先岗位相似或相关的新岗位上，保证员工能更快更好地适应新的岗位。

人员的合理分配，能够避免活动现场有的地方忙不过来，有的地方闲着没事做的情况。能够让各个岗位的员工都发挥出自己的优势，促成整个炒店执行团队配置最优化、能力最大化，保证活动现场各个方面都能顺畅、高效地运作。

人员分工的临时性和计划性

在完成人员初始分工后，为了确保炒店活动当天工作有更高的效率，王先生又对一些员工做出了指示，当抽奖活动暂时停止的时候，抽奖人员要去支援宣传人员和销售人员的工作，直到再次开展抽奖活动为止。

人员分工要提前做好计划，临近活动开展日再去做计划难免出现考虑不周的情况。不提前做好分工计划也没有充足的时间开展针对性的培训学习，无法提高员工的工作能力，不利于提升活动当日的现场执行效率。提前做好分工计划，能有机会在培训和演练中发现人员分工不合理的地方，有充足的时间对目前的分工计划做出调整，保证人员分工的合理化。

俗话说，计划赶不上变化。提前做的人员安排计划只是我们对活动现场状况的一种预测，虽然这些预测都是有据可依的，但是在活动实际展开时难免出现意料之外的状况，当人员分配不能适应活动现场状况时，经营者要当机立断地进行人员调整。还有一些工作是阶段性的，如派发宣传单、抽奖互动等，那么在完成相应的工作后，相关人员要去支援哪些工作，这也要提前做好规划并根据现场状况调度指挥。

培训时间选择最好提前一段时日

王先生对全体员工都做出明确的分工指示后，决定在第二天就展开对员工的培训。尽管离炒店开始还有近一个月的时间，员工也大多有丰富的工作经验，但考虑到炒店当天要同时进行那么多项的活动，接纳比平时更多的顾客，为了确保员工在活动当天能对工作驾轻就熟，王先生认为进行针对性的培训，提高员工的工作能力是很有必要的。

增强员工对自身岗位的理解和认识，提高执行能力，培训是最好的方法。通过培训，向员工宣讲炒店活动的思路和整体方案设计，加深员工对活动整体的理解把握。教授不同岗位的员工相应的知识技能、需要注意的事项等，提高工作的效率和效果。

培训最好准备充分的时间，提前一段时日开始进行。尤其对于正在经营中的店铺，由于培训只能在正常营业时间范围外的短暂时间内进行，所以在时间上是很紧迫的。一般在炒店活动开始前一个月就可以对人员做出分工，展开相应的培训了。一是可以保证员工有充足的时间来学习，保证培训的效果，可以选择在活动开始前几日举行几场演练，加深员工的记忆和实际工作能力，发现并修正问题。二是通过培训和演练，在内部进行一定程度的预热，提前调动员工的积极性，培养一定的紧迫感，保证活动当天全体员工能有饱满的激情，提升现场热度。

炒店人员培训必不可少的五项内容

在炒店活动期间，店铺的工作量和工作内容和平日正常营业时都会有所不同。炒店中，人员分工更加多样化，宣传、引导、氛围营造的力度更大，要接待比平日更多的顾客，一些员工也会涉足平时没有做过的工作。因此，在炒店活动的培训工作中，要对员工展开新一轮有针对性的一系列培训。对每一位炒店人员的培训，都必须包含以下五项内容。

1. 活动方案解读

培训的第一步，对全部人员宣读炒店活动方案，并进行详尽的讲解。虽然每一位炒店人员所负责的可能只是一两项具体工作，但对活动方案整体的解读有助于炒店人员对活动有一个整体性的认识，能明确自身工作在炒店活动中的位置和作用。熟悉整个炒店活动的流程，当自身工作出现问题时，炒店人员知道怎样去解决，或者找谁能够解决。详细了解炒店活动的内容，当消费者问及炒店人员自身岗位职责之外的问题时，能够正确自如地进行解答，对消费者做出引导。

炒店人员培训的五项内容

2. 个人工作职责

每位炒店人员一定都是将最多的时间和精力用在自身岗位上，优先做好本职工作，对于任何岗位的炒店人员都是必需的。工作职责是工作的目标和方向，在培训中，要让每位炒店人员明确自己的工作职责。不同岗位的炒店人员职责不同，同一岗位的不同炒店人员由于具体工作的区别，职责也有所不同。对工作职责的规定与传达，要具体到每一个人身上。如果店铺规模大，人员众多，则分层传达，先将工作职责传达给各个岗位的负责人，再由负责人做出具体的安排。

3. 重要技能传授

每一件工作，无论是简单还是复杂，都要掌握必要的工作技能。相应工作技能的传授，能直接提高炒店人员的战斗力，提升工作效率。例如，宣传人员，要给他们传授相应的话术，传授基本的商务礼仪知识，提高消费者的进店率。销售人员，让他们熟记产品的功能、特点、价格等重要信息，也要学习如何应对消费者的异议，提高成交率。收银员，向他们传授相关工具的使用方法和窍门，让他们多加练习，保证收银工作又快又准。

4. 预期目标

任何活动都要有预期目标，炒店活动也不例外。在炒店活动方案制订前，经营者心里就要先对目标范围有一个大致的把握，随着炒店活动方案越来越详细具体，经营者就有更充分的依据对预期目标有一个更精准的定位。在确定预期目标后，就要在炒店培训中告知每一个人，在炒店人员心里树立一块标牌，让他们看到具体的努力目标，同时也是对他们的一种无形督促。

5. 奖励措施

目标的达成，既要有压力，同时又要有动力。仅向员工施加压力并不能发挥出他们的全部能量，如果达不成目标就要罚，达成或超出目标却没有奖，那么员工只会将自己负责的工作当成单纯的任务，完成既定目标后他们就不会再出力了，而且这种做法也容易使员工积压不满情绪，失去工作动力。制定奖励措施，永远是提高员工动力和士气的最为直接有效的手段。奖励的方式有多种选择，直接给予金钱奖励最为直接，泛用性也最强，但是金钱奖励最不易让员工记住，往往钱花完后就忘记曾经得过奖励的事了。也可以让员工享有几天的带薪休假，或者集体聚餐，体现对员工的人文关怀。经营者可以自行选择适合的奖励措施，也可以将几种方案混合，或者让员工自由选择。确定奖励措施后，可以在炒店培训中传达给员工，并配合激励性的语言，提升员工对培训的热情和后续的工作动力。

第五章

炒店“七部曲”之五——现场执行

第一节　召开晨会，布置任务

晨会，是在每天工作正式开始前，全体员工进行相互问候、交流，安排当天工作和任务的一种有效的管理方式。

晨会是一天正式工作之前，进行人员点到，发表当天工作内容，分析前日工作的不足，开展临时的针对性培训指导的重要场所。晨会不能流于形式，如果仅仅是为了召开而召开，在晨会中说不出有针对性、有指导性的具体内容，那么晨会不仅达不到它应有的作用，反而会给员工的思想状态带来负面的影响。

如今各个公司、店铺一般都会在每天的工作前安排晨会，而在举办炒店活动的期间，由于店铺内的工作的内容和正常营业时有较大的不同，因此晨会也要作出相应的特殊安排。

1. 时间安排

日常召开的晨会，由于经营目标、店铺商品、工作内容和方式在短期内都不会产生太大变化，如无特殊情况，一般晨会只需 10 分钟左右便可完成。

而在炒店活动期间，晨会时间至少要 20 ~ 30 分钟，留足时间对各个岗位的员工做具体的工作安排。在晨会结束和正式营业之间，也要准备 5 ~ 10 分钟，对场内外各类物料、设备进行布置。经营者要根据晨会内容、活动规模对所需时间进行估算，提前做好具体的时间安排。

召开晨会，布置任务

2. 工作安排

晨会中，要根据制订的具体活动方案，对各岗位炒店人员当天的安排都做出具体明确的指示。一般，这些工作内容在之前的炒店培训和演练中都已经做过详细地讲解和实践，晨会中再次重申旨在加深员工的记忆，唤醒员工的工作情绪。或者是活动当天的某些状况与培训演练时出现了一定的偏差，需要临时对员工的分工和具体工作内容做出一些调整。

提前预见炒店活动中可能会出现的问题，并制订应对方案。例如，有顾客在活动现场受伤，要迅速将顾客带往休息区或休息室。如果只是小擦伤的话可以用准备好的医疗箱进行处理，并在处理后对顾客赔礼道歉，送出一些礼品安抚顾客的情绪。若是伤势较为严重，要即刻联系医院，并安排人员全程陪护。再如，顾客对某种商品或活动内容有意见，要是发现顾客情绪较为激动，不要争辩，也不要当场对顾客解释。最好能将顾客请到休息室，请顾客喝茶并稍作休息，待顾客情绪平稳一些后再请专人与其沟通，请顾客理解，顾客要求不过分的情况下应尽可能满足顾客的愿望。若顾客表示理解，不再有意见后，也可以适时送上一些礼品或提供一些优惠，增加顾客的好感。

当然，炒店活动中也可能会出现意料之外的突发状况。在晨会中要明确突发事件负责人或活动统筹人，告知员工遇到突发事件要镇静，不要慌张，第一时间联系相关负责人商讨对策。

3. 提振士气

晨会中还有一项重要的工作，就是提振全体员工的士气。士气低落、没有激情的员工在工作中就没有活力、爆发力和战斗力，再简单的工作也无法做好，而晨会，就是释放激情、提振士气的最佳场所。

在当天炒店任务安排完毕后，晨会接近尾声时，晨会主持人要带领全体员工喊统一口号，也可以选择做广播体操等方式，提振全体员工的士气，释放全体员工的激情，使员工迅速进入工作状态。

员工是店铺“活的门面”，员工的工作激情能直接营造出炒店活动现场的热烈氛围，并将这种氛围感染给消费者。精神洋溢、阳光灿烂的工作人员肯定会让消费者有好感，如果工作人员都无精打采、死气沉沉，就算炒店活动看起来再怎么热烈，消费者也不会乐意来消费。

4. 方案修正

如果是持续多日的炒店活动，在第一天之后的晨会中，要分析指出前一天活动中存在的问题和不足，问题的商讨要“对事不对人”，不要就相关问题过多地责怪员工，以免影响员工之后的工作情绪。要记住，问题的产生往往不在于员工工作不力，可能是活动指挥者对工作的安排出现了问题，或是炒店活动当天的情况和开始预计的情况不尽相同，但却没有对具体执行工作进行相应的调整。

虽然找出问题产生的原因是很重要的一点，但更重要的是要找出解决问题的方法。经营者要在晨会中就相关问题和员工共同进行深入的分析探讨，既要有自己的主见，也要参考具体执行员工的意见。提出多数员工认为可行的解决方法，对当天的炒店活动方案做出相应的修正，对员工做出新的工作指示，保证当天的活动取得比前一天更为理想的效果。

第二节 拦截引导技巧

大街上，人潮涌动，但并非每个经过你的店铺、看到炒店活动的消费者都会愿意驻足观看或是进店内逛一逛。不要武断地认为，只要宣传做足了，炒店活动做到位了，有兴趣、有意向的消费者一定会来，不愿意来的一定没有消费意向。其实很多时候，一些人是在犹豫不决中经过了你的店铺，错过后就不愿再折回去看一下了，或者在聊天、考虑事情而没有留意到炒店活动的具体内容。这时，往往只需一点小小的契机，工作人员的一声热情的问候，一段简单的介绍，一句殷勤的邀请，就可能会使消费者花上一点时间去看一看。因此，安排人员在店外派发宣传单，对消费者进行拦截引导是炒店活动中将消费者带到活动现场、带入店内的十分必要和有效的手段。

拦截引导工作并非单纯地发宣传单、给消费者引路，很多时候需要口头讲解、交流、劝说等，因此一定要选择口齿伶俐、擅长沟通交流的人员来进行。拦截引导工作最好安排两人一组，当一人带领消费者进入店铺时，另外一人可以在现场继续拦截，保证工作不出现间断。拦截引导可以安排两组人员，一组在门店前的人行道旁进行拦截，而另一组则在路对面的人行道旁或附近的主干道旁进行拦截，保证能充分地接触到在街上的消费者。

如果店铺规模不大，并没有充足的人手进行拦截引导工作，可以考虑找兼职公司，聘请兼职人员来进行拦截引导。不过一定要要求兼职人员提前几天到岗，对其提进行充分的产品、活动知识传授，并教授一些拦截引导的话术、技巧。

对消费者的拦截引导不能对目标毫无选择性，或者拦截手段太过单一，这些都不是好的方式。对消费者进行归类分析，应用一些简单的小技巧可以取得事半功倍的效果。

技巧一——借助性别优势拦截

如果你是一名男士，当女性工作人员向你做产品宣传推广时，你是否会给她更多的时间和机会？相反，如果你是一名女士，当男性工作人员向你做产品宣传推广时，你又是否会给他更多的时间和机会？

也许我们都有过类似的经历和感受，当面对异性时，我们会抱持更大的宽容心，也不好意思直接拒绝对方，只要时间允许的情况下，我们会愿意花上一些时间听对方介绍或是跟随对方到指定的店铺去看一看。

拦截引导工作中，通常女性比男性更有一些优势。随着社会整体文明和道德素质的提升，尊重女性被认为是有风度、有涵养的，而且女性不容易引起对方的戒备心，不会使对方做出条件反射式的拒绝行为。只要对方愿意停下脚步听一听，就等于是多了一次机会。

当然，以上所说的都不是绝对意义上的，只是对人们整体心理概况的简单分析，不过经营者可以用十分简单的工作安排来借助一定的性别优势。

拦截引导工作最好安排男女两人一组，两人之间相互配合。在派发宣传单时，男的发给女性，女的发给男性。当发现消费者拿到宣传单后对内容有一定的关注，拦截人员可以及时上前进行进一步的宣传讲解，争取将客户带到活动现场，带入店铺内。

技巧二——拦截容易吸引且关键的人物

在对拦截目标的选择上，要依照一定的原则，选择正确的目标。不要

“眉毛胡子一把抓”，那样是对时间和资源毫无意义的浪费。

在拦截之前，先明确店铺主营商品针对的客户群，拦截相应的目标，有消费意向的人才更容易被炒店活动吸引。例如，店铺主要经营时尚运动类的衣服、鞋子，那么拦截目标就以年轻男女为主，年纪较大的中年和老年人士便不必去拦截了。

面对走在一起的情侣，先将宣传单发给女方，以女方为优先的拦截和宣传对象。因为女性的购物欲一般比较强，面对优惠促销通常也会显示出更大的兴趣，一旦女方决定到店里去看一下，男方一般都不会拒绝。面对带着孩子的家长，先将宣传单发给儿童，并简单说明炒店活动现场正在开展路演、免费派发礼品等活动。儿童一般比较容易受到表演和礼品的吸引，只要引起了儿童的兴趣，那么家长也就必须带着孩子到炒店活动现场去看一下了。年龄太大或太小可能不识字，交流也比较困难，不必派发宣传单，而是将目标直接对准陪同的成年人。

技巧三——不要把精力浪费在没有购买力的人身上

无论你口才多好，商品多么有魅力，促销多么给力，炒店活动多么火爆，如果对方没有钱，那么这一切对他来说都没有意义，我们也无法与其达成交易。

对方有购买力才是进行消费的先决条件，因此拦截时不要瞄准一些明显缺乏购买力的人。没有家人陪同的老人和儿童，不要去拦截，一是他们没有购买力或购买力较弱。二是没有家人陪同，老人和儿童很容易在炒店活动现场发生意外。

判断一个人有没有购买力，不能仅看对方的穿着打扮像不像有钱人。消费者对产品的认知，消费者的消费习惯同样是要考虑的因素。现在大众的生活都越来越富足了，真正的穷人越来越少，只要你卖的不是高档奢侈品，估计绝大多数人都能买得起，但买得起不代表消费者认为值得买。比如 iPhone 手机，年轻人买的时候估计眼都不眨一下，而长辈，尤其是爷爷奶奶辈，在得知价格后估计会直皱眉头，即便他们会用智能手机，也能支付得起。

技巧四——实在不感兴趣的不要勉强拦截

如果向消费者进行简单介绍宣传后，对方完全不感兴趣执意要离开，那么不必跟上去进行进一步的介绍或劝说，不要勉强去拦截，可能对方确实不需要这些商品或者他有急事在赶时间。

在拦截引导过程中，每一个经过的消费者留给你的时间都十分短暂。在这极其有限的时间里，任凭你是怎样的宣传精英，也很难让不感兴趣或兴趣不强烈的消费者产生兴趣，基本上消费者的第一反应就已经代表了结局。拦截引导注重的是数量，每天要接触成千上万的人流量，根本不可能每一个都花费过多的时间和精力，况且还完全无法保证能取得成果。

要是遇到情绪急躁的消费者，那么勉强拦截极易引发争执。这样不仅激怒了一个消费者，还可能会影响到在场的其他人，给他们也留下不好的印象，接下来的拦截引导工作更加难以展开，其后果是十分严重的。

技巧五——拦截话术不可少

不能只通过派发宣传单来进行拦截，与消费者的沟通交流，对消费者进行邀请劝说是更为重要的，准备好相应的拦截话术必不可少。

与消费者交流时，声音要洪亮，由于是在室外，有许多外界声音干扰，要让消费者听清楚你的话语，但也不要太过卖力，保证对方能听清楚即可，否则也会让对方有不舒服的感觉。吐字清晰，语言流畅，不仅能快速准确地将主要信息传达给消费者，也能让消费者感觉工作人员很专业。

和消费者交流时，要时刻面带微笑，保持饱满的热情，用语礼貌，这样能够给对方留下良好的印象。

向消费者搭话时注意称谓，对看起来较年轻，打扮很时尚的可以称呼“帅哥”“美女”，对年纪稍大，看起来成熟稳重的可以称呼“先生”“女士”，在称呼对方后随即说上一句“您好”作为问候。然后拿出宣传单递给消费者的同时简洁地说出活动主题，如“全场优惠促销，进店即可抽奖”，将炒店活动内容提炼成一句话营销话术。如果消费者收下宣传单后停下了脚步，拦截引导人员要抓住机会进行进一步的宣传，介绍内容时要抓住重点，语言简洁。

介绍完毕后，根据消费者的反应进行邀请或劝说。邀请和劝说要直截了当，如“我们的店就在旁边，我可以现在带您去看一下”“请您去我们店里逛一下，现场开展了很多活动”。

拦截话术

切忌在邀请消费者时说“如果您有兴趣的话”或“如果您有时间的话”等类似的用语，只要你给消费者留下选择的余地，消费者就会下意识地回答“没兴趣”“没时间”，这时你就很难再与其继续交谈了。

当消费者表达出有兴趣、有意向时，就直接对消费者作出引导，“请您这边走，我带您到店里，您有什么需要可以随时提出来。”

技巧六——拦截人员要统一服装

如果一家店铺的宣传人员穿着统一整洁的服装，而另一家店铺的宣传人员穿着五颜六色、风格各异的服装，你更愿意为哪边的宣传人员留出时间？肯定选择统一服装的人要更多。

也有人会说了，统一的服装看起来好傻，现在是追求个性的时代了，穿着更新颖才吸引人。如果针对个人，这种观点也许是正确的，但是针对团体，尤其是在正式的场合，统一的服装才让人感觉更正规，更有气派，更引人注目。

为何在看国庆阅兵的时候我们感觉很震撼？战士们不光服装统一，连身高、体型都差不多，更不用说动作了，全部整齐划一。看起来就觉着我们国家的军队有素养，有战斗力。

统一服装不仅能吸引消费者的目光，让消费者感觉店铺很正规，人员很专业，也是对工作人员的一种心理暗示。统一服装时刻都在提醒员工，现在是工作时间，要全身心地投入到工作中。提醒员工现在代表着店铺的形象，在同消费者交流时一定要时刻注重礼仪。

炒店人员的服装最好由店里统一定做，印上店铺的 Logo 或是炒店活动的主题，还可以佩戴颜色醒目的腕带，或是在服装醒目位置佩戴主题标牌等装饰品。将宣传物品都装在印有店铺 Logo 和炒店活动主题的纸袋中。这样，拦截人员不仅看起来更醒目，让人感觉更专业更正规，也能顺势为店铺、为炒店活动做宣传。

技巧七——派发小礼品吸引人流

派发宣传单时消费者不愿意收怎么办？在派发宣传单时附带派发一些小礼品能够让消费者的接受率更高，也能吸引更多的人流量。

比起看起来千篇一律的宣传单，各式各样的小礼品更能吸引消费者。况且不需要任何的花费，也不用花时间、费功夫，即使是多么小的礼品消费者也会乐于接受。当他们接受你派发的礼品后，自然也不好意思拒绝你的宣传单了，可能还会有消费者停下来听你介绍一番，到店里面去逛一下。

由于这些小礼品是无偿派发的，因此在小礼品的选择上要注意成本控制，不要选择单价太高的物品。同时不要选择面巾纸、湿巾等作为派发礼品，实在太没创意，根本无法引起消费者的注意。一些造型独特、体积较小的物品是很好的选择。对儿童，可以派发一些时下流行的卡通人物的小塑料玩具；对女生，可以派发颜色、造型可爱的小布偶；对男生，可以派发各种形状的装饰品等。也可以选择有长期使用价值的物品，如钥匙环、扇子等，这类物品最好也能够统一定做，带上店铺 Logo，同时起到宣传作用。

技巧八——通过麦克大声宣传

一名拦截人员，一次最多只能拦截一位或一组路过的消费者，而每秒从店铺前经过的人至少有好几人。别说进行详细的宣传介绍了，就算只是派发宣传单都无法保证面面俱到，一个不漏。这样，拦截人员在和一位消费者交谈时也会错过许多其他消费者。而且拦截人员的活动范围有所限制，只能顾及从身旁经过的消费者，店铺前的空间越大，道路越宽，错过的消费者就会越多。

在拦截人员派发宣传单的同时，可以专门安排一名人员在店铺附近用麦克进行大声的宣传介绍，虽然不能保证消费者一定能将这些话听在耳朵里，记在心里，但至少能确保有足够大的传播范围，让经过店铺附近的消费者都能得知炒店的信息。

由于不是一对一的宣传，不占用消费者的时间，在用麦克宣传时，可以比派发宣传单进行拦截时介绍得更详细一些，将炒店活动的各项内容都列举出来，介绍炒店活动的全貌。但每一项活动内容都不需要太过详细的介绍，说得太多消费者也不可能记住，反而更不容易把握重点信息。在宣传的最后加上一句简洁的炒店活动主题宣传语，宣传语可以比与顾客单独宣传时更加响亮，更具煽动性一些。在宣传完一轮后，可以适当地间隔几分钟，插播一些音乐歌曲，然后再开始新一轮的宣传。

技巧九——进店填表送礼品券

为了增加拦截的效果，增加店内的人气，可以通过开展进店填表送礼品券的活动将消费者直接带入店内。只要消费者对礼品有兴趣，暂时不必向消费者详细介绍炒店活动，直接先将消费者带入店内填表处填写表格，这种方式消费者更乐于接受。而只要将消费者带入店内，拦截工作的首要目标也就算完成了。可以在消费者填表的过程中向他们介绍炒店活动内容，这样节约了工作人员和消费者双方的时间，消费者也比较容易听得进去。

表格要填写的内容不要只涉及基本信息，可以向消费者问一些相关的问题，如对产品风格的喜好，能接受的价格区间，喜欢的品牌等，作为市场调研工作的一环。不要设置一些主观性的，需要消费者去写长句的问题，最好每个问题下设置几个选项供消费者钩选。问题要尽可能具体细致，以免消费者给出模棱两可的答案。问题不要设置太多，一般以 10 个左右为宜。

填表处和礼品领取处最好隔开一段距离，分布在店内两端，这样能让消费者将店内大致浏览一遍，也许在这个过程中他会找到心仪的产品。消费者领取礼品时不要刻意地拖时间，也不要向消费者反复宣传炒店活动内容，以免消费者不耐烦，产生反感情绪。

第三节 体验技巧

在炒店活动中设置体验环节，不仅能有助于增加销售额，而且能有效地使消费者驻留在活动现场一段时间，增加现场的人气。

俗话说，百闻不如一见。销售人员、宣传人员说得再多，说得再好，可能都不及让消费者实际试用几分钟来得有效。让消费者试用体验几分钟，能让消费者对产品的外观、重量、功能等各方面有一个全面、形象的认识，让消费者打消对产品的不安和疑虑。工作人员也能第一时间了解到消费者对产品的真实反应，挖掘出消费者真正的需求。通过对体验活动的时间安排，可以让消费者心甘情愿地留在炒店活动现场，给过往的消费者留下产品极具魅力的印象，同时争取到对消费者宣传的机会和时间。

参与体验活动的人太多，消费者排队等待不耐烦，怎么办？有些产品无法提供试用，如何带给消费者体验？提供试用体验的产品功能繁多，如何在有限的时间里向消费者做出展示，给消费者带来最佳体验？

技巧一——体验人多时控制节奏

周先生经营着一家手机卖场，主要经营各类知名品牌手机。看到智能手机越来越普及，已不再是年轻人的专利，周先生决定在炒店活动中开设三个体验窗口，请消费者实机体验几款新上市的手机功能，增强智能手机在各个年龄层中的影响力，拉动店铺的销量。

通过对炒店活动当天来参与体验的人数预测，周先生将每位消费者进行体验的时间规定在5分钟，基本足够对手机的重点功能进行充分的展示。同时指示负责体验环节的工作人员，要根据参与体验的消费者人数多少，在一定范围内灵活地调整体验时间。

体验活动要控制好节奏，原则就是既保证体验窗口有人排队，又不要让排在后面的消费者等待太久。体验活动需要的时间相对较长，如果消费者对产品很感兴趣，就是冲着体验活动来的，那么可能不在乎等上一段时间。但要是抱着先看一看的想法的消费者，如果他感觉排队等待要用上不少时间，那么极有可能转身走人。最好将每位消费者的实际体验时间控制在3~5分钟，并根据队伍的长短进行适当的调节，人少时延长一分钟，人多时缩短一分钟。

不要让正在排队的消费者干等，一定要安排工作人员与消费者交流，说明产品的功能和特点，回答消费者的疑问，介绍现在购买产品可以享受哪些优惠活动。当排队人数在5人以上时，可以让工作人员与排队的消费者做互动游戏，组织比赛，并向获胜者颁发奖品。如果体验区的人气超出预计，排队人数太多，可以临时增加体验窗口进行客户分流。

技巧二——播放产品广告，根据广告内容进行有奖问答

为了让消费者在等待的过程中也能对产品有一个细致的了解，周先生在体验窗口旁的墙壁上设置了一块宣传屏幕，循环播放几款提供体验的手机的宣传短片，让消费者从不同角度对产品有个先行的认知。在循环播放完两三次宣传短片后，周先生安排员工与在体验区排队等候的消费者展开互动，根据广告内容设计一系列问题，进行现场有奖竞猜。

进行有奖竞猜，能提升消费者对广告内容的感知，让在等待途中的消费者也能充分感受活动现场的气氛。尤其对于一些无法提供试用体验的产

品，在现场播放产品广告，与消费者开展互动活动，是增强消费者对产品的感知，让消费者有体验感的好方式。

问题的设计不要仅仅涉及产品，可以适当插入一些细枝末节的问题，如“短片中的包装盒是什么颜色的?”“短片中一共出现了几个人?”之类的问题，可以有效地活跃现场气氛，让消费者感到这是一场有趣的活动，而不只是单纯的广告宣传。

准备一些价值高一些的奖品，适时提出一些有点难度的问题，现场如果有人回答上来就请他上台接受大奖，并提一些简单的问题，做一些互动，提升消费者的参与感与自豪感。

技巧三——通过产品的一些特点让用户体验使用

为了让各个年龄层的人都体验到智能手机的便利、强大之处，周先生指示工作人员对不同的客户进行有针对性的产品展示。面对青少年，就展示各种手机游戏，以及强大的影音播放功能等。面对年轻女性，就展示手机淘宝购物的方便快捷。面对中年男女，就展示看新闻、看电视剧的效果，以及天气预报、百度地图等日常生活中比较常用的软件等。

可以提供试用体验的产品在体验环节中要突出产品的特点，要将这款产品不同于其他同类产品的最显著特色展现给消费者。一些与同类产品雷同或差异不大的地方就不需要向消费者介绍展示了，既浪费时间，也让消费者感觉产品没多少创意和特色。试用体验活动中给一位消费者提供的时间是很短暂的，要在这短暂的3~5分钟内发掘出消费者需求和产品特色的接触点，明确告诉消费者这款产品在什么地方与众不同，为什么要选择这款产品。

在手机、电脑等电子行业中，提供试用体验是较为常见的。一旦有独特的新机型问世，商家都会给消费者提供体验环节。例如，新上市的一款手机以超高的像素、超高的分辨率、亮丽的色彩表现为卖点，那么商家在提供试用体验时就可以围绕这几点展开，让消费者实地拍照，播放存储在手机里的高清视频，等等。而像是打电话、发短信这类手机最基本的功能根本不需要去介绍，消费者都明白这些功能不会有什么问题，而且不同品牌、不同机型的手机打电话、发短信也不会有太大差别。

第四节 抽奖技巧

许多商家在炒店中都会安排抽奖活动，一是抽奖活动泛用性高，无论销售的是什么类型的商品都无碍于抽奖活动的开展，二是抽奖活动能有效聚集人气，尤其当有人中大奖时，更能迅速炒热现场的气氛。

抽奖可以采用免费抽奖和购物抽奖两种方式。免费抽奖是只要消费者进店参与，就能无偿获得一次抽奖机会，这种方式可以快速地增加人流量，但是未必能将“人流”转化为“客流”，许多人可能只是抱着“捡便宜”“凑热闹”的想法来的。购物抽奖是消费者在店内消费后凭购物发票去参与抽奖，提前规定好消费多少元获得一次抽奖机会，这种方式抓住的是确确实实的“客流”，但是可能无法像免费抽奖一样聚集足够多的人数。

如果条件允许的情况下，炒店活动中最好同时采用免费抽奖和购物抽奖两种方式。通过免费抽奖吸引“人流”，在通过购物抽奖将“人流”转“客流”。两种抽奖活动的奖品要作出区分，购物抽奖的奖品当然要设置得更豪华更吸引人一些。

抽奖活动进行的速度比较快，而且消费者对于排队抽奖通常都会比参与其他活动更有耐心一些，所以炒店中的抽奖活动要利用一些方法增加参与抽奖的消费者在现场的停留时间。当然，不要刻意地拖延时间，那只会让消费者失去耐心。对抽奖活动的具体执行步骤做出一些细节安排，就可以轻松留住消费者，而且也不会引起反感。

技巧一——抽奖前先要填信息表

无论是免费抽奖还是购物抽奖，在抽奖前都要让消费者填写信息表，凭信息表参与抽奖。

在抽奖活动前让消费者填写信息表，是搜集消费者信息的绝好机会。各行各业，都免不了要做市场调查，都免不了进行各种问卷调查。消费者当前的喜好、倾向才是经营者最关心的，是指导经营方针最有利的依据。如果在平时专门展开问卷调查，不仅浪费时间，消费者也未必会买你的账，因为他得不到任何好处。而在炒店当天的抽奖环节让消费者填写信息表，既能让消费者写得心甘情愿，也能将消费者多留在现场一些时间，一举两得，何乐而不为呢?

有条件的情况下最好在店内设置专门区域供消费者填表，或者在各个柜台旁安排桌椅，请消费者在购物后等待工作人员取货或是办理相关手续的时间内当场填写。让消费者有一个舒适些的环境，也让消费者感觉时间没有浪费，他们会更有耐心地填写信息表。

在消费者填表时，销售人员可以在一旁介绍消费者还没有了解到的炒店活动内容，向消费者推荐相关商品等。在消费者进入店铺没多久，参与现场的一些活动时，是最容易冲动消费的时期，销售人员要把握机会，一旦发现消费者对某件商品有兴趣、有意向，就迅速从宣传环节转向销售环节，促成交易。

技巧二——抽奖信息表不要太简单，提高用户感知

抽奖信息表不要只设置姓名、性别、年龄、联系方式等基本信息栏，这些内容难以给消费者留下印象，也不利于经营者搜集足够确切的客户信息来对市场作出分析，对炒店活动作出评估。

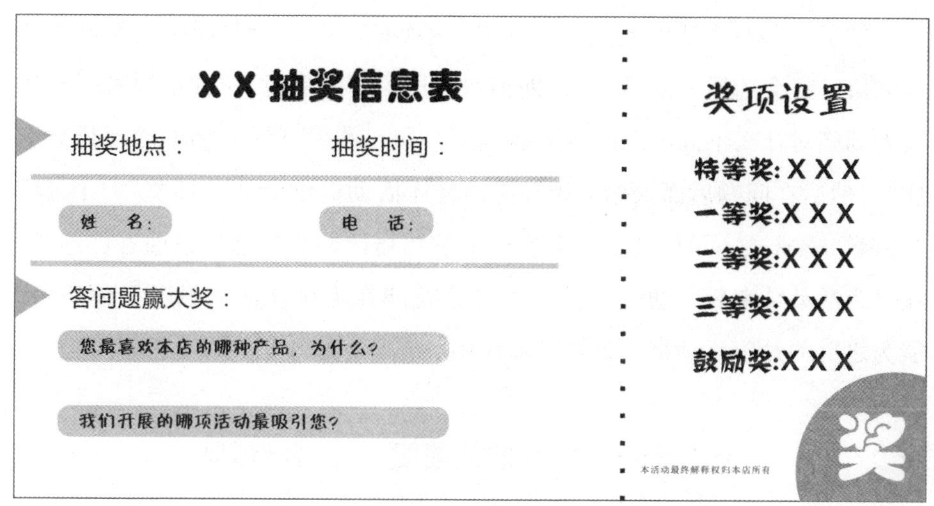
XX抽奖信息表

抽奖地点：　　抽奖时间：

姓　名：　　电　话：

答问题赢大奖：

您最喜欢本店的哪种产品，为什么？

我们开展的哪项活动最吸引您？

奖项设置

特等奖：XXX

一等奖：XXX

二等奖：XXX

三等奖：XXX

鼓励奖：XXX

奖

本活动最终解释权归本店所有

抽奖信息表

信息表不要太简短，让消费者短短十多秒就填写完毕了，在表上设置一些问题，让消费者花上3～5分钟作答，既能给炒店人员留出向消费者介绍宣传的时间，也能让消费者感到自己参与抽奖是有所付出的，提高消费者对活动的感知度和参与度。当然也不要太繁杂，看到信息表上密密麻麻的全是文字，任谁也没有心情仔细看下去。

问题最好采用选择题的形式，方便消费者进行回答。一些难以设置选项，需要消费者亲自作答的问题，也要设计为可以用一个词做出回答，不要让消费者写过多的字。

问题尽可能简单，让消费者在浏览完问题和选项后就能本能地做出回答。一旦让消费者花时间进行思考，他们往往会给出一些言不由衷的答案。

不要设计太过开放性的问题，像是“您对我们店铺有何建议?”“您觉得本店的活动还有哪些不足?”这类问题都会让消费者感到无从下手，因为他们自己往往也不知道具体的答案。结果通常只会是消费者将问题空在那里，或者随便写出自己实际并不关心的问题。

信息表上设计的问题最好与炒店活动息息相关，不要问一些笼统的问题，像是“您对本店的活动满意吗?”之类的问题，消费者一般无论满意度如何，都会选择“满意”，即使消费者选了“不满意”，你也很难得知消费者到底对什么不满。问题尽可能具体，如“我们开展的哪项活动最吸引您?”然后在问题后面根据炒店开展的具体活动提供诸如“抽奖”“体验”“路演”等选项，可以让消费者快速地按照自己的实际感受来回答。这样，在炒店活动结束后，通过统计信息表，就能知道哪项活动最吸引消费者，能为之后的炒店活动带去指导借鉴作用。

技巧三——控制抽奖速度，让客户排队

抽奖，是炒店活动中聚集人气、吸引目光的重要方式，所以，抽奖活动进行的速度一定不要过快，要让抽奖区前方始终排着一二十人的长队。如果抽奖区零零星星只有几个消费者参与抽奖，不仅无法引起关注，也不易炒热现场的气氛。

抽奖活动也是对现场人流量的一种有效控制手段。当我们的炒店活动进展状况良好时，在店铺内的消费者可能会处于饱和状态，这会给销售人员的销售工作带来很大的压力和挑战，店内过多的人数也无法给消费者带来良好的购物体验，消费者觉着人太多也许就随便走上一圈便匆匆离去了。而抽奖活动则能分流一部分消费者，当店内人数过多时可以先带消费者去抽奖。

负责抽奖活动的炒店人员在控制节奏时要掌握一定的技巧，不要给消费者留下慢慢吞吞、拖拖拉拉的印象。例如在每位消费者抽奖前先与其做一些简单的沟通，不需要说太多，类似于平时的寒暄问候就可以了，既显得有礼貌，又可以让整体节奏慢下来。在接过消费者拿出的抽奖条后，可以故意卖卖关子，慢慢地打开抽奖条并宣布结果，既能营造抽奖气氛，也能控制抽奖的速度。

让参与抽奖的消费者排成S形队列，有条件的可以在现场设置排队护栏，

保证队伍的秩序。S形队列能有效地利用空间，避免店面前空间不足导致一字形队列没法排得很长。S形队列排出来有更大的面积感，让消费者更容易注意到。一字形队列排在末尾的消费者很难知道前面抽奖区发生的事情，而S形队列则能让排队中的消费者都临近抽奖台，感受抽奖现场的气氛。

技巧四——确保排队人员人手一张宣传单

我们可能都有过类似的经历，在陪朋友或家人到商场里买衣服时，在他们挑选衣服、试衣服的期间里，我们可能会随手拿起放在一旁的宣传单看起来，都不用销售人员主动递给我们。

等待的时间是最难熬的，人们在等待中为了打发无聊，经常会做一些平时不会做的事，即使对这件事本身没太大兴趣。在消费者排队等待抽奖时，受到现场气氛的影响，很有可能拿着手上的宣传单看起来，而且还是仔细地看！这绝对是宣传销售人员在平日里求之不得的状况。

因此，不要让排队抽奖的消费者闲着，要将宣传单发到每一位排队的消费者手中。如何确保每一位排队的消费者都愿意接下宣传单，并且乐于去看呢？在抽奖中派发的宣传单最好与拦截引导人员在店外派发的宣传单在内容或形式上有所区别。毕竟，来参与抽奖的消费者大多肯定在店外已经拿到或看到了宣传单，如果这时你再拿着一份完全一样的宣传单发给消费者，他们可能会婉言谢绝，或者拿到手中就不再去看一眼。

在派发宣传单时，可以同时递上一杯水，或者递上一条毛巾让消费者擦擦汗。既让消费者感受到商家对自己的关怀，让他们在排队等候时保持好心情，也能让消费者更乐于收下宣传单。

技巧五——无人气可找几人排队引人气

在炒店活动刚刚开始时，人气还不是很足，排队参与抽奖的人很少，这时候怎么办？千万不能守株待兔，认为只要过一会儿人气就高了，来的人自然也就多了。在任何时候都不要等待结果，而是要去争取结果。

没有人气，那就找几个人排队壮壮人气，先将人流吸引过来。大多数人都有同样的习惯，哪儿人多往哪儿去，哪儿队伍长往哪儿排。我们日常生活中常说这是喜欢“凑热闹”，其实这是消费者受到了氛围的影响。一个冷清的活动现场和一个热闹的活动现场，消费者肯定乐意去热闹的地方，毕竟这是去购物，而不是喝茶聊天。

而且在现代社会中，相同或相似功能的产品种类实在太过繁多，消费者难以做出抉择，而各种真真假假的商品更是让消费者难以分辨。跟随大众的脚步购买商品，就算不一定是最好的选择，但至少能保证是安全的选择，消费者抱有“凑热闹”的心态也无可厚非。

所以，要适时地找一些人排队抽奖来“装装样子”，这并非是对消费者的欺骗，只是吸引消费者的目光，对消费者进行引导的一种方式方法。

排队引人气不局限于在上下午抽奖活动刚开始时，当参与抽奖的人数减少了，消费者情绪开始回落时，都要及时找些人来排队造势，将现场气氛再度“炒”热。

不要让炒店人员来排队吸引人气，一是没有那么多人员和时间，二是容易被消费者识破。最好请朋友来参与排队，与朋友沟通协调比较方便，而且也不需要太多额外支出。在活动结束后请朋友吃顿饭，聚一聚，既做出了回报，互相之间也联络了感情。

技巧六——店外抽奖，店内领奖

抽奖处最好安排在店外，方便消费者排长队，避免店内过于拥挤，也能让路过的行人看到这“排队盛况”，吸引他们一探究竟。可以将各个等级的奖品分别拿出一个或数个堆放在抽奖处桌子上做展示，大奖则将包装盒堆放在抽奖区旁边，以此烘托出抽奖现场的气氛，也能吸引消费者的目光。

不过这些陈列出来的奖品只是作为样品，当有消费者中奖时不要直接发放，而要将消费者领到店内的奖品存放处领奖。领奖处设在店内较为靠里的位置，不影响正常的营业，而且无论中奖者有没有在店内逛过，这样都可以带他到店内再看一下，让消费者在店里度过一段时间，加深其对炒店活动的印象。

通过这种方式，可以同时增加店内和店外的人流量，增加一次向消费者进行宣传介绍的机会，有更大的可能性将“人流”转换为“客流”。

技巧七——大奖通过照相、喊口号等方式增加客户在店时长

抽奖活动的奖品要划分为较多的等级，包含安慰奖在内最好设置七八个等级的奖品。前三等奖要具备一定的价值，作为大奖，在一定程度上增加了中大奖的人数，便于炒热气氛。大奖的抽奖条分几个时段分别放入抽奖箱中，以免大奖被过早地抽完，不利于之后的抽奖活动炒热气氛。

当有消费者中大奖时，立刻摇铃或播放音乐，随后通过麦克在现场大声宣布中奖信息，炒热现场的气氛。接着将中奖消费者带入店内领奖，颁发奖品后让消费者与大奖一起拍照留念，然后工作人员集体喊出统一的口号恭喜中奖者。通过这些方式增加客户在店内停留的时间，而且能增加客户心里的喜悦感和自豪感，获得心理上的满足，赢得客户对店铺，对炒店活动的好感。同时也对在场的其他消费者进行了变向的宣传，让他们也萌生去试着抽奖看看的想法。

大奖通过照相、喊口号等方式增加客户在店时长

第五节　路演技巧

路演是通过现场表演节目、产品展示、活动介绍、开展互动，引起消费者的注意，聚集消费者，以产品推广、活动营销为目的的一种形式。

路演是炒店活动中用来吸引注意、提高人气、炒热气氛、壮大声势的最为有效的方式，路演舞台也常常会成为炒店活动中店外部分的中心。路演是最能迎合人们“凑热闹”心态的一种方式，舞台上的各类文艺表演，现场促销宣传等能吸引各个年龄层的消费者前来观看。路演在宣传的视觉效果和传播范围上都有明显的优势，而且舞台周围也有足够的空间，方便会聚人流。

我们经常能够见到有一些店铺进行路演，在表演节目的期间人声鼎沸，消费者情绪异常高涨，但在表演结束后却立刻人去楼空，现场热度迅速消退。那么在炒店活动中，如何将路演与销售紧密联系起来，避免“表演有人看，产品无人买”的情况出现呢？

技巧一——节目不要太多，一般节目间隔时间不少于 10 分钟

吴先生在一个小县城里经营着一家便民超市，临近过年，各家各户都忙着置办各种年货。吴先生当机立断，计划立即开展炒店活动，将附近的住户尽可能吸引到自己店里来。县城里的居民喜欢看各种表演，每当有搭台唱戏的都能吸引大量的人去观看。考虑到这里，吴先生请了当地一个知名的表演剧团在活动当天搭台演出。消息很快便在

小县城里传开了，活动当天表演还没开始，便已经有许多人来到了现场。表演开始后，现场气氛十分热烈，观众连声叫好。一直到临近中午，看演出的人是越来越多，但却没多少人进店消费，吴先生想通过路演促进销售的计划打了水漂。

路演的节目不需要准备太多，消费者一般也不可能看上一整天的表演，只要保证路演节目在一段时间内保持新意和变化，然后再循环演出便可以了。

通过路演聚集人气，关键在于节目精，而不是节目多。即使是专业的路演公司，也不能保证每一个节目都能赚足眼球，真正擅长的精品节目可能只有五六种。更何况，现在大众的审美眼光越来越高，娱乐活动选择越来越多，一般化的表演节目很难让他们肯驻足观看。

路演节目要和产品宣传、活动宣传结合起来，每表演完一两个节目后，就要穿插产品展示和优惠促销活动介绍环节，或是请消费者上台参与产品体验，展开互动活动。表演节目之间的间隔时间不要少于10分钟，要给宣传环节留足时间，也避免表演节目太过频繁造成消费者审美疲劳。

技巧二——对主持人的活动产品知识进行培训

一旦主持人对产品和促销优惠活动的介绍宣传出现了差错，出现了歧义，导致消费者产生了误解，在购买时提出异议，商家就很难做出让消费者感到满意的解释，从而将自己置于非常不利的境地。如果商家坚持己见，估计许多消费者都会不欢而散，而且会给你的店铺带来非常差的口碑。而如果对消费者让步，则势必会承受不小的损失，给店铺的经验带来影响。

因此在炒店活动开始之前，就要提前几日与路演节目主持人沟通，对其进行活动产品知识培训。对主持人的活动产品知识培训一定要落到实处，虽然主持人对主持路演节目有充足的经验，有些也为其他商家开展过炒店的宣传路演，但是每家店铺的产品和优惠活动都是完全不同的，这些内容需要主持人提前熟记于心。

在路演节目表演期间，当主持人在台下时，也要安排专人同主持人沟通讲解，确保宣传介绍内容万无一失。当活动方案有所变更的时候，也要第一时间将变更后的宣传信息传达给主持人，让主持人快速记忆掌握。

技巧三——聚集人气后，暂停路演，引导客户入店

进行路演的主要作用是吸引消费者注意，从而快速聚集人气。而炒店的根本目的在于销售，不能只让消费者去看、去听，让他们掏钱购买才是更重要的。

当路演吸引到足够多的人流量后，就要及时和主持人沟通，暂停路演，由主持人上台进行简单的活动宣传，进行煽动性的演讲，让现场消费者觉得错过是一种损失，鼓动现场观众进店内看一看，调动消费者的购物热情。

宣传引导人员也要及时做出跟进，引导消费者进入店铺。对消费者进行引导时要注意方法，态度不能太过强硬，要让消费者感到这是在“请”他们光顾。也可以通过进店免费抽奖、领取免费小礼品等活动，给消费者一些“甜头”，吸引消费者进入店内。

技巧四——避免“有人气无销量”的误区

路演通常都能够有效地吸引人气，但也最容易陷入“有人气无销量”的误区。不要看到消费者将路演舞台围得水泄不通就沾沾自喜，如果不能拉动产品销量，观看路演的人再多也毫无意义，你花钱开展的路演最终只能变成请消费者观看了一场免费表演。

当发现路演现场火爆异常，而店铺销量停滞或增长缓慢时，这时你就要有所警戒了，因为现场很可能已经踏入了“有人气无销量”的误区。

发现情况后要立刻召集相关炒店人员进行问题分析和总结，找出是哪一个环节出现了差错。是主持人对活动的宣传介绍不够吸引人，还是没能调动现场消费者的情绪，还是对消费者进行邀请引导的力度不够，还是销售人员没能抓住机会，抑或是在环节的配合上不够默契？及时找出问题的原因，做出相应的修正方案，才能避免“有人气无销量”的怪圈继续下去。

第六节　销售技巧

有的经营者这时会说，我们的销售人员都是经过系统培训的，销售能力无可挑剔，从店铺以前的销售额就能证明这一点。其实，这里所说的销售问题并非是销售人员的问题，而是在炒店活动中销售环节的设计有问题。在炒店活动中，销售工作要面临与平时截然不同的状况，更大的人流量、更多的非意向客户。在这种状况下，销售人员如何提高自己的工作效率，提高成交率？店铺的销售流程要不要进行优化？这需要经营者提前针对炒店活动对销售环节做出准备和规划。

技巧一——提前将产品包装成礼包

丁小姐的化妆品店在“双十一”那天开展了一整天的炒店活动，丁小姐为了这次炒店活动可谓费尽心思，将能想到的、能利用上的各种吸引人气，炒热气氛的活动方案都用上了。活动当天，在现场的路演舞台旁、体验区、抽奖区都汇聚了相当多的人流量，店铺内也是人来人往，店铺内外一整天都显得热闹非凡。丁小姐感觉付出是值得的，这次炒店活动一定能取得不错的成果。在当天营业结束后，丁小姐计算了当天的营业额，却立刻傻了眼，远远没能达到自己预期的目标。虽然店铺一整天接待了不少消费者，但看的人多买的人少，成交的比率十分低。丁小姐郁闷了，究竟是哪个环节出问题了呢？

经过一系列炒店活动的配合开展，绝大多数店铺都能吸引足够多的人气，但不是每个店铺都能将这些人气转化为销量。当“有人气无销量”的情况出现时，很有可能是销售出现了问题。

消费者进入你的店铺，没有购买任何产品，只是随便看一下便匆匆走开，可能不是产品不够好或者他不需要，而是更为单纯的原因——人太多了！想象一下，你在店里看到一款感兴趣的产品，但是这款产品的柜台前却满满当当地站着等待销售人员取货的人，这时你还有心情看下去吗？还有耐心等下去吗？

炒店活动中要面临比平时更多的顾客，不能再按照平时的工作节奏来进行销售。对于没有意向的顾客，要尽可能让他留在活动现场，或是引导他们先去参加别的活动，培养他们的消费意向。对于有意向的顾客，就要迅速促成交易，让顾客尽快掏钱，销售人员尽快将产品交付到顾客手中。

我们平时购物时，一般的购买流程是这样的。看中了某款产品，然后销售人员开票，我们再凭票去收银台付款，回来后将票据交给销售人员，销售人员再去取货、包装，将产品交到我们手上。在平时，这种模式可能还没什么问题，但在炒店中，很多时候就行不通了。在炒店期间，店铺可能会经常接待接近甚至是超过店铺承受极限的顾客数量，这时候，每一分每一秒都是极其宝贵的。如果收银台和销售柜台都排满了人，你就很难再吸引到新的顾客，甚至已经有意向的顾客都会离开！

在炒店活动开始前一天，产品就要提前做好包装，放入礼包中。有赠品的产品也要提前配对好，放入同一礼包中。不同型号、不同尺码的产品要分类放好，做出明确的标识，不要等到取货时再花时间确认。在空间允许的情况下，最好放一部分产品在柜台内，当消费者付款后，能够第一时间将包装好的产品交付到他们手上。

技巧二——筛选目标客户，对于意向顾客转入销售环节

炒店活动现场，看的人一定会比买的人多得多。炒店人员不可能顾及

每一位消费者，对每一位消费者都做出细致的宣传介绍。每一位与消费者接触的炒店人员都要学会对消费者进行归类筛选，抓住重点人物，将时间和精力放在有意向的消费者身上。

炒店人员可以根据消费者填写的信息表，看消费者喜欢什么类型、什么品牌的产品，能接受的价格区间是多少，以此为依据想一下店内有没有适合该消费者，能让其感兴趣的产品，对他们做出介绍推荐。

也可以根据消费者在产品体验活动中的反应来筛选目标客户。当消费者在体验环节中对产品表现出浓厚的兴趣，向工作人员提出很多疑问，这就说明消费者很有意向。炒店人员要及时做出销售跟进工作，请消费者到产品柜台做进一步的了解，这就从体验环节直接转入到了销售环节。

当消费者进入店铺内开始浏览产品时，销售人员要主动上前打招呼，问消费者有什么需要的产品。如果消费者沉默不语或闪烁其词，说明他现在还没有明确的意向，只是想先随便看看，这时销售人员就不需要跟踪得太紧，先让消费者浏览商品，等待他下一步的反应。当遇到提出明确问题，对某几种产品十分关注的消费者，说明其有强烈的购买意向，销售人员一定要全程跟踪，一边向消费者做详细的产品介绍，一边给消费者提供推荐建议。

当前来购买产品的消费者较多时，可以选择开通绿色通道，简化相关的流程、手续，或者由工作人员统一帮助消费者办理，提高成交速度。

对于暂时没有购买意向的非目标客户，炒店人员可以将其引导到店外参与免费抽奖或领取礼品等活动，避免店铺内过于拥堵，也可以达到吸引人气的目的。

技巧三——各小组分工形成闭环

许多客户是在炒店活动各环节的衔接段中不经意流失的。设想一下，当你经过一家正在举行炒店活动的店铺附近，一名工作人员上前向你进行了热情的宣传，并将你带到了活动现场，这时，他转身离开了而又没有其他工作人员对你进行进一步的介绍和引导。面对满目琳琅的产品和活动宣传，面对现场人山人海的景象，你会做出什么选择？恐怕转身离开会成为很多人的第一选择。

炒店活动的各个岗位、各个小组成员之间一定要做好沟通配合，做到工作无缝链接，让整个炒店活动形成一个闭环。

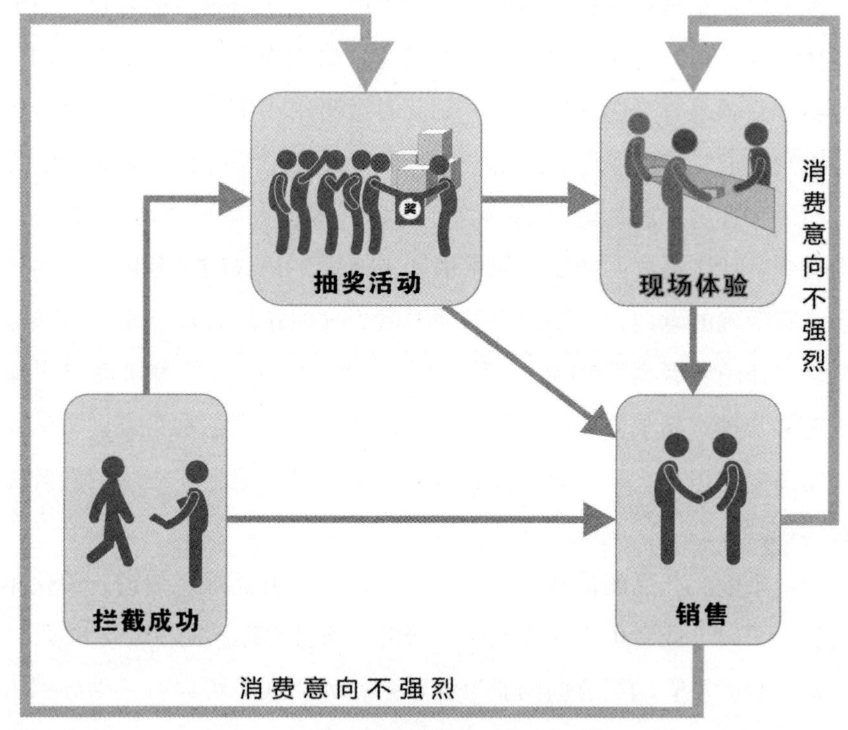

各小组分工形成闭环

店外的拦截引导人员在拦截成功后，要尽快将消费者引导至店内交给销售人员。体验区的宣传人员在发现意向客户后，也要及时将其引导至销售区。路演节目在表演完一轮后，宣传引导人员要配合起来，将消费者吸引到店内。

确保店内有足够多的消费者是很重要的工作，但是店内人数过多时，销售人员就很难为每位顾客提供细致的服务，过于拥挤的店内环境也会给消费者带去不好的购物体验。当店内顾客数量太多时，店外负责抽奖活动、体验活动的炒店人员就要控制活动节奏，延长消费者在店外的时间。路演的主持人也要适当延长节目时间，先将消费者留在路演现场，待店内顾客数量消减后再引导消费者进入店内。销售人员要将主要精力放在消费意向强烈的客户身上，对于消费意向不强烈，不能确保成交的消费者，可先由宣传引导人员带领他们去参加抽奖活动，让他们多感受一下现场气氛，提升其购物欲望，也能帮助销售人员抓住重点客户、关键客户，将销售工作有条不紊地进行下去。

第七节　物料使用情况跟进

我们在炒店活动开展之前根据具体方案准备了充足的物料，但是这毕竟只是计划，炒店活动开展之后，未必所有事情都能像我们之前计划的那样进行，物料也是其中一方面。

炒店活动反响热烈，吸引的消费者数量比预计的要多出许多，这固然很好，是经营者乐于看到的状况。但是，随之而来的物料不足的问题怎么办？难道这时候你会觉得炒店目的达成了，不继续炒下去也行吗？显然绝大多数经营者不会选择这种方式，决定追加物料继续炒店明显是更好的选择。不过在发现物料不足后才决定进行补充则有些为时已晚，因为无法保证这些物料能第一时间送达，即使是短短几个小时都会直接造成炒店活动的断档，等到人气完全低落后想把人气再度炒起来可就难上加难了。

在炒店活动中我们要随时对物料使用情况进行跟踪，通过物料消耗数量和炒店活动进程的比对，来评估物料需不需要进行补充。如果能及时发现物料不足，提前几个小时进行采购补充，可能就会带来完全不同的结果。

物料使用程度直接关系活动的质量高低

物料的使用程度是对炒店活动现场执行状况的一种体现。各项物料都是根据炒店活动的具体方案来进行准备的，如果物料没有充分地使用，那么一定是现场执行环节出现了问题，炒店活动也一定达不到预期的效果。

物料使用的充分程度也是炒店氛围营造的一个重要因素，会影响到消费者对店铺、对炒店活动的现场气氛的感受。试想一下，一家张贴了各种海报，悬挂了横幅，摆放了展架展板的店铺，和一家除去要销售的商品外显得空荡荡的店铺，哪一家更能让消费者感受到炒店的氛围？哪一家让消费者更有购物的冲动？显然是宣传物品应用得更充分的那一家店铺。

既然根据活动方案准备了各种物料，那么这些物料就是要拿来使用的，而不是放在仓库中供着的。可能由于物料太多太杂，工作人员在现场布置和使用中出现了疏漏，导致物料没有充分使用。也可能由于炒店现场状况和计划有一些出入，导致一些物料无法在现场使用。无论原因是什么，都要找出解决的办法，制定相应的策略，设法充分利用物料，保证炒店活动的高质量。为了及时发现物料使用中出现的问题，就需要时刻对物料使用情况进行跟踪。

制定物料使用情况跟进工具

为了更确切地掌握物料使用情况，通过物料管理对炒店活动做出相应的指导，可以制定物料使用情况跟进工具，在炒店活动开展进程中对各项物料的使用状况进行实时监控。

物料使用情况跟进表

序号	名称	总数量	使用数量	剩余数量	是否补充
1	宣传单	3000	2000	1000	√
2	气球	300	200	100	
3	横幅	1	1	0	
4	面巾纸	1000	800	200	√
5	帐篷	4	3	1	
6	展架展板	2	2	0	

如上表，经营者可以根据实际需要设计一套物料使用情况跟进表，每隔半个小时或一个小时就对相应物料做一次数量统计，掌握物料使用情况。如果有条件的话，可以在电脑或者移动电子设备上设计制定物料使用情况跟进表，可以更方便地搜寻查找相关物料，修改相应的数据，提高统计的速度和质量。

对于非消耗品，如帐篷、展架展板等，没有充分利用到的，首先查找没有使用的原因。如果是员工工作疏忽的话，就根据活动方案做出安排，发挥该物料在活动中的功用。如果是由于空间不足无法摆放，就寻找周围是否有能利用的地点进行物料布置。如果是相关的活动处于暂时停止状态，就看是否有需要帐篷等物品的其他活动，临时变更物料用途，保证物尽其用。

对于消耗品，如宣传单、小礼品等，要随时关注使用量和剩余量，根据情况做出相应的指示。如果消耗速度低于预期的平均速度，则督促宣传人员加强派发力度，提高抽奖活动的速度、频率。如果消耗速度超出了预计的平均速度，要根据活动进程，估算出实际消耗速度和预计速度有多大的差距，物料剩余量严重不足的话则要及时安排人员采购补充，物料缺口不大的情况下可以考虑适当降低派发的速度，或是采用临时的一些活动作为替代。

李先生开了一家运动鞋专卖店，经营了近一年，生意还算不错。近日，李先生想借着开业一周年的店庆日，开展一天炒店活动，来扩大店铺的影响力和知名度，以期在接下来的一年内能取得更好的销售业绩。

经过了近一个月的认真筹备，李先生制订了完整的炒店活动计划，备齐了活动所需的各种宣传用品、礼品、奖品等，请了路演公司在活动当天进行表演，对员工进行了针对炒店活动的培训，也提前几日在当地进行炒店活动的宣传预热。李先生感觉一切都准备得万无一失。

炒店活动当天，果然取得了不错的反响，门店聚集了大量的人流，店铺内的消费者数量和销售额都有显著的提升。仅仅一个上午，门店接纳的消费者数量就已经接近了李先生预期的目标。李先生决定借着这股势头在下午将店铺继续炒热，但他很快发现了问题，宣传单、礼品、奖品都即将消耗完了。没有了这些物料，势必会影响下午的炒店效果，李先生立刻联系商家印制新的宣传单，补充礼品和奖品。但是由于数量较多，商家在备货、送货过程中用了不少的时间，等到货物送到时已经将近下午四点了，下午的活动已进行了两个多小时。由于活动内容变得单一，店铺下午的人气比起上午有明显的回落，虽然李先生在货物送到后迅速展开了上午的各项活动，依然没能有效地聚集人气。最终，这些追加的宣传单、礼品、奖品等也没能发放完毕，只能暂且堆放在仓库内。

李先生的炒店活动有一个近乎完美的开局，却没能善始善终，取得一个圆满的结果，最重要的原因就是没有跟踪物料的使用情况，因而没能迅速地做出反应。

第八节　业务发展情况跟踪

业务，是店铺赖以生存和发展的基础，是赢利的根本保障。炒店的最终目的是什么？就是为了增加业务量，提升销售额。

在策划炒店方案时，经营者就要对这次炒店活动预期要达到的目标有一个规划。有目标，才有动力，才有方向。不能抱着“走到哪算到哪”的思想，认为只要付出了一定会有所回报，一定能做到不错的成果。努力很重要，但是只有努力不能保证一定成功，明确的目标，正确的方法，都是必不可少的。尤其是在商业活动中，我们的员工，我们的消费者都是活生生的人，充满了各种不确定因素。你的炒店活动策划得再好，消费者不喜欢，也是白搭。你的员工工作再勤奋，方式方法不对，那工作也是无效或低效的。

不过，预期业务目标的制订不是想当然空想出来的，而是要有科学合理的依据。上个月的销售额，去年同期的销售额，以前举办促销活动时的销售额等，这些都能成为经营者制订目标的依据。

制订目标后，要去执行，要去跟踪。业务目标制订出来不是摆在那里好看的，不是一边看着业务目标一边憧憬美好未来的。只有去努力地执行，正确地执行，业务目标才有可能实现。而只有实现了业务目标，我们的炒店活动才算成功。

活动之前，制定业务发展量

宁先生经营着一家小型的电动车专卖店，由于员工数量不多，宁先生一直崇尚使用人性化的管理方式，不给员工太多的销售任务压力。而员工们工作都很踏实，店铺的经营状况一直相当良好。在十一假期期间，宁先生策划了一次优惠促销活动，并且没有规定具体的业绩增长目标，让全体员工尽力发挥。但在活动结束后，宁先生发现销售量和往日平均销量差不多，由于促销的关系，营业额反而更少了，显然这是一次不成功的促销活动。

宁先生通过分析发现，在促销期间，宣传力度明显不够，而这个问题并没有被及时发现和解决。而员工由于没有确切的任务量，也全都延续了平时的工作状态和工作方法，并没有做出相应的改进，致使造成了失败的结果。

宁先生痛定思痛，认真做了总结，准备在元旦期间开展一次规模更大、更全面的炒店活动。在制订完炒店活动方案后，宁先生参考了过去几个月以及去年同期的店铺销量，又计算了炒店活动成本，制订了炒店期间每天销量比上个月日均销量提升50%的目标。并且根据这个总体目标，给每位员工都划分了具体任务量和工作量，鼓励全体员工争取达到并超出目标。

当策划炒店方案时，就要对期望达成的业务量有一个预期的规划，制定大致的目标范围，随着活动方案的确定，经营者要结合以往的经营数据，对市场的考察调研，确定一个数字明确的、具体可行的业务目标。

在向员工宣讲炒店活动方案时，就要把这个业务目标告知所有员工。在人员分工完成后，按照具体的目标和执行方案，对每一位炒店人员都制定相应的业务发展量，将任务明确到每一个人。在炒店活动中，业务的发展量即是员工的工作量。销售人员要卖出多少件产品，宣传人员要派发多少宣传单，带多少位消费者进入店内，这些工作任务目标都要提前制定好，让员工有清晰的把握。业务发展量的制定，对于炒店人员的参与度和积极性都有很好的督促作用，而且炒店人员可以根据具体的工作量对工作速度、工作方式做出自我调整，提高工作效率。

业务发展量要同奖励机制结合起来，不能只传达压力，奖励更能提高员工的主动性、积极性。完成或超额完成业务量的就要奖，没有完成业务量的就要罚。如果只有惩罚措施没有奖励措施，员工工作起来就会缺乏激情，把工作当成纯粹的任务，在完成任务后也不会去想着更进一步，达成更高的目标，这不利于发挥员工的全部潜能。对于一些难以计算评估业务发展量的岗位，可以选择跟销售人员组成一组的方式，共同考核绩效，作为炒店结束后奖惩的依据。

对员工的业务发展量进行实时跟踪

宁先生在将具体的业务量传达给每位员工后，又进行了十多天的培训和演练，迎接炒店活动当天的到来。炒店活动持续三天，宁先生在每天的炒店活动中，每隔一两个小时就对每一个员工完成业务量的情况进行一次跟踪统计，通过每个人完成业务量的百分比结合炒店活动的进行时间，看看有哪位员工的工作进度落后了，有哪位员工业务进展状况良好。

对业务进展良好的员工，宁先生予以了鼓励，让他们争取超额完成目标。对于业务进度落后的员工，宁先生及时与其沟通，看看是他的工作方法有问题，还是活动的环节设计的有问题，并找业务进展良好的员工一同参与商讨，找出改进的方式方法。

在宁先生持续地跟踪和指导之下，原先进度落后的员工也逐渐接近了任务目标。在三天的炒店活动之后，每位员工都完成了自己的业务量，有几位还超额完成了目标，炒店的总体目标也超额完成了10%。

对员工的业务发展量进行实时跟踪，是为达成总体业务量目标的重要工作。从炒店活动角度来看，对员工的业务发展量的跟踪，通过每位员工的业务进行状况，可以把握炒店活动整体的运行效果。从员工角度来看，进行业务发展量跟踪可以用准确的数据反映出员工的具体工作效率和目标的完成率，发现不足之处，对具体的执行方案做出调整。

不要认为将业务发展量和奖惩措施传达给员工后就万事大吉，可以不闻不问了。要记住，奖励和惩罚都不是目的而是手段，一切的一切，都是为了炒店活动能取得最好的效果。员工身处炒店活动的最前线最基层，他们很难准确把握住自己目前的工作完成进度，也很难得知自己现在的工作方式是不是合理的、有效的。当局者迷，旁观者清。经营者作为炒店活动的整体统筹策划者，能从更高更全面的角度上清晰地看待问题，能迅速地发现不足之处，并依据自己的知识和经验提出解决或改进方案。所以，对员工业务发展量进行跟踪，是所有经营者在炒店期间要始终贯彻的工作。

第九节 LSCPA 异议处理技巧

异议，就是顾客对你的产品、价格、服务、质量提出的质疑或不同看法。在经营活动中，遇见客户持有异议是在所难免的。实际上，客户持有异议是好事，有异议，就代表客户对这件商品有兴趣，如果没有兴趣他也不会和你说那么多对商品的质疑或抱怨了。没有异议的顾客会怎样？他会一直沉默，最终沉默地离开，面对没有异议的顾客，你是完全没办法开展销售工作的。所以，顾客提出异议，往往是销售的开端。

应对异议，第一点要提前预防。确保对产品的宣传介绍是准确的，是符合实际的，不要出现自相矛盾的地方。各种促销优惠活动的设计要简单明了，不要相互之间有所冲突。对活动的描述要简洁，不要有歧义而使消费者做出多种解释。一旦因为产品宣传不准确，活动设计不周密而让消费者抓住“空子”，提出异议，你是很难妥善处理的，而且也极易引发争论纠纷，造成连锁反应。在设计宣传语和促销优惠活动方案时，要从多个角度想一想，不要出现纰漏。

另外一点应对异议的方法就是提高员工的异议处理技巧。在日常营销中，就要加强对员工异议处理技巧的培训，教授员工面对各种情况的应对话术，让员工积累、总结、应用，并最终形成一整套自己习惯的、有效的异议应对话术。在炒店活动正式开展前，要根据活动中新展开的内容对员工讲解阐述，总结出有针对性的应对话术。

面对异议时的应对话术，要遵循一定的原则，掌握正确的技巧。

LSCPA 异议处理技巧，是在面对异议时，认真倾听后，以客户利益为导向进行解释澄清，提出建议方案，并最终达成共识的一种沟通方法。LSCPA 异议处理技巧包含五大要素——Listen（倾听）、Share（理解）、Clarify（澄清事实）、Present（提出方案）、Ask（请求行动）。在技巧的实际应用上，要将五个要素作为有机的整体，可以选择一点作为突破口，也可以逐层推进，一切都要以客户的具体异议和与客户的交涉过程为依据。

Listen——倾听

倾听是处理客户异议的首要步骤，只有先充分听取客户的意见，才能理解客户的诉求，这样才能“对症下药”，对客户的异议进行妥善的处理。

顾客的异议可以分为三种，一种是真实的异议，一种是虚假的异议，最后一种是隐藏的异议。真实的异议是顾客确确实实对产品的质量、功效、价格等方面存在疑问或担忧，或者是对关于产品的介绍存在一定的误解。虚假的异议是客户对产品有强烈的兴趣和购买意愿，但是还没有完全下定决心，这时他会向你提出关于产品质量、功效、价格等各方面的疑问，其实是希望你能给出关于产品的正面积极的描述介绍，以确保自己的购买决策是正确的。隐藏的异议是顾客不提出自己真正的异议，而是先提出自己并没有疑问或是不关心的问题作为迷惑，希望在交涉中取得一定的优势。比如最为多见的，顾客真正的异议是产品价格，他希望价格能便宜一些，但是他却没有直接就价格与销售人员交涉，而是对产品质量提出异议，以期降低产品价值，来达到砍价的目的。

当客户提出异议时，不要忙着去做出解释，而是先想一想，分析一下，这是不是客户真正的异议。让客户先说，你只在一旁倾听，从客户的叙述中找到他真正的异议。当客户说完后，可以适度地“装傻”，提出一些“傻问题”，如“不好意思，我没能完全理解您的意思，能请您详细解释一下吗?”通过这些问题，让客户说更多的话，在这个过程中，你就能获得充分的时间和信息找出顾客真正的异议了。

Share——理解

在倾听了顾客的异议之后，无论顾客提出的异议合理与否，正确与否，都不要直接去反驳或争论。记住，你永远无法在与顾客的争论中获胜，顾客可能会因为没面子或者心情不爽而拒绝购买，直接离开。哪怕你说得多么正确多么有道理也没有任何作用，在你用错误的方式处理顾客异议的那一刻，你就已经输了。

同样，也不要为了讨好顾客就盲目肯定他的观点，例如“您说得很正确”“我完全同意您的观点”等，这类完全肯定式的话语都要避免使用，因为这会将自己置于非常不利的境地，接下来就很难与顾客进行平等的交涉。一旦你对顾客的异议做出了完全的肯定和赞同，顾客接下来就会坚持自己的异议向你施压，然后你就只能从被迫向顾客做出让步和错失这笔交易两个选项中选择一样了。

我们要对顾客表示赞同，但不要对顾客的观点表示赞同。在听取顾客的异议之后，首先应该这样应对，“我理解您的心情”“我们也曾经有客户提出过相似的疑问”。通过这些话，先稳定住顾客的情绪，让顾客感觉到你能理解他的想法，能回答他的疑问，能站在他的角度上设法提出合理的方案，为接下来进一步的阐述和解释做出铺垫。

Clarify——澄清事实

对顾客的异议表示理解之后，接下来就要针对顾客的异议做出合理的解释。

如果顾客的异议是真实的异议，是由于理解偏差导致对产品出现了误解，这种异议是比较好处理的，首先有礼貌地说上一句“请您别急，听我跟您解释一下”，然后耐心地对顾客做出关于产品或活动的细致解释，顾客多半会表示理解。

如果顾客对产品的异议表达不强烈，更多的是一种担忧式的疑问，那么顾客的异议极有可能是虚假的异议。面对这种顾客，就说"请您放心，我们店里卖的都是品牌产品，质量都有保证，而且这个产品上个月卖出了100多件，客户的反响都很好"，通过这些话语打消顾客的疑虑，让他放心地购买产品。

顾客提出隐藏的异议是最难处理的情况，因为首先必须找出他真正的异议是什么，最好的方法是让顾客自己说出自己真正的异议。如果顾客迟迟没有提出真正的异议，你也可以适当地做出引导，"其实您真正在乎的不是价格，而是担心使用后没有效果，是吗?"可以向顾客提示他真正在乎的问题，但一定要用疑问的语句，让顾客做出确认或回答，真正的异议必须要由顾客亲自说出口。

Present——提出方案

对于提出真实异议和虚假异议的顾客，在向他们进行宣传讲解之后，如果顾客表示理解赞同，就可以展开销售攻势了。"如果您有意向，我建议您现在就买，现在做活动期间这件产品打八折，今天活动一结束明天就恢复原价了，而且您还可以凭着购物小票去参加抽奖。"

对于提出隐藏异议的顾客，在确认他真正的异议之后，就要以这个异议为中心同顾客进行交涉。如果顾客坚持自己的异议，可以在规定范围内首先做出让步。"您看这样可以吗，如果您买两件，我可以向经理申请给您提供更多的优惠。""如果您对质量不放心，我可以向您提供七天包退包换的服务。"向顾客提出解决异议的方案，让顾客做出新的考量，将销售工作推动下去。向顾客提出的方案一定要确保是针对客户的真正异议的，对价格有异议就提供更多的优惠，对质量有异议就保证包退包换，这样的解决方案才是顾客需要的，顾客才会认真地去考虑。

Ask——请求行动

在向顾客提出解决方案时，最好能提出两套方案供顾客选择，因为人都有从现成选项里进行选择的习惯。当只有一种解决方案时，顾客会从同意还是不同意两个选项中进行选择，而当有两种解决方案时，顾客则会从两种方案中进行选择。提出两种方案有利于促成交易。

如果顾客对你提供的解决方案有所心动，也准备做出让步，这时最好让顾客尽快做出决定。“您觉得哪种方案更合适呢?”“您更愿意采用哪种方案呢?”对顾客进行语言上的引导和暗示，让顾客接受其中一项方案。

在客户接受了你所提出的方案之后，对客户说：“您觉得这样更好，是吗?”“您这是一个很好的选择。”顾客都喜欢被重视、被尊重的感觉，都希望让别人认同自己的观点和选择。要让顾客感到这个方案就是他自己的想法，就是他希望的最好的解决方式。这样，既能让顾客在做出选择之后不好意思再说什么，也能让顾客感到自己受到了重视和尊重。

第六章

炒店“七部曲”之六——效果评估

第一节 数据分析

在店铺的经营过程中，每天都会产生大量的销售数据。这些数据信息，对经营者而言有着非比寻常的作用。经营者对店铺经营状况的详细把握，对店铺处于上升期还是下降期的判断，对经营中存在问题的挖掘，经营方针的策划与制定等，无一不需要借助于对各类经营数据的掌握和分析。

对炒店活动进行数据分析的意义和作用

有这样一些经营者，在日常经营中从不做数据统计，连最基本的销售数据，如日报表、月报表都没有。到了这个月，上个月的销售量、销售额都忘得一干二净，这样有可能经营好店铺吗？还有些经营者，虽然做了数据统计，但却仅仅是作为摆设，从来不对数据进行分析，不对报表之间做出对比评估，更不用说如何利用数据分析对经营方针做出指导了。

数据分析是实现科学管理的重要部分，数据是不会改变，不会说谎的。店铺经营中就要用数据说话，杜绝一切借口。

1. 及时准确地了解炒店的执行结果

在炒店开展之前，经营者就要先设定业务目标。业务目标必须是具体的数字，而不能是一个大概的范围。对炒店活动中的各项数据进行统计，是了解炒店活动执行结果，反映业务目标完成情况的最好方式。数据统计还能反映出不同产品的销量，每位员工的业务完成量，为炒店结束后的绩效考核提供数据依据。

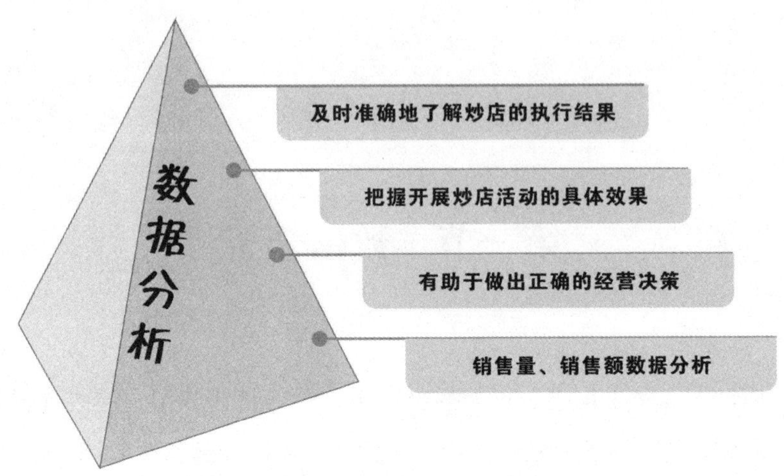

数据分析的意义和作用

2. 把握开展炒店活动的具体效果

通过将炒店期间的各项销售数据同炒店前的各项销售数据作对比，看销量和销售额是增长、降低还是持平，就能得知炒店活动的成效如何。如果炒店活动开展后没能拉动销量，提升销售额，那无疑是一次失败的活动。同时，不能只关注整体，具体到不同种类、不同类型产品的销量都要做出对比分析，把握炒店活动带来的每一处细微影响。

3. 有助于做出正确的经营决策

炒店活动结束后，对各个产品的销售量和销售额做具体的分析。销量是增加了还是减少了？是因为炒店活动的原因，还是市场变化的原因？经营者要一一进行分析求证，找出影响销量的确切因素，并据此做出新的经营决策。这样的经营决策才是科学正确的，才能占据市场，才能够迎合消费者的需求。

炒店活动数据分析的主要项目

炒店活动中需要进行统计分析的数据很多，不同的店铺，不同的炒店活动可能都会产生不同的数据。但是最基本、最重要的不外乎销售量、销售额和人流量。

1. 销售量、销售额数据分析

拉动销售量，提升销售额是炒店的根本目的，这两项数据的变化直接反映了炒店活动有没有成效，取得了多大的成效。

对炒店期间的销售量和销售额集中统计后，同炒店前的数据进行对比，看增加了多少，有没有达成预定的目标。如果未达成，距离目标具体有多少差距。如果超出了目标，又具体超出多少。这些都需要做出精确的计算。

对销售量、销售额的分析不能仅限于总体，具体到每种产品的销售量和销售额变化，以及在总销售量和总销售额中所占的百分比，同样要进行分析，这些细化的分析能更明确地指导经营策略的制定。某种产品的增长量明显，是不是因为到了该产品的旺季？还是消费者对该产品的接受度提高了？或者纯粹是促销优惠的关系？经营者要同该产品去年同期的销量、以前进行优惠促销时的销量做出对比，来确定原因所在，然后再制定相应的经营策略。

2. 人流量数据分析

人流量的变化也是进行数据分析的重点，炒店的第一步就是炒人气，增加人流量。虽然将人流量转为客流量还需要炒店后续环节的跟进，但如果没有足够的人流量，显然也就难以创造出足够的客流量。

人流量的统计分析要分散到每一项炒店活动中去，如抽奖区、体验区，都要对当天参与该活动的消费者数量进行统计，这样才能知道哪种活动最吸引消费者，以后再进行炒店时就可以做出针对性的调整和改进。

让消费者填写信息表也是统计人流量的好方式。消费者信息表不仅能统计参与炒店活动的消费者数量，还能对性别、年龄等做出统计，分析出炒店活动对哪类人群最具吸引力，在之后的经营中就可以开展更贴合该人群喜好的活动。

第二节　亮点点评

谭小姐准备在当地一所大学对面开设一家奶茶店，趁着暑假的时间，谭小姐积极进行筹划，争取能在新学期开始时正式营业。8月中旬，谭小姐完成了开店的全部准备工作，为了能打响店铺在大学校园内的知名度，谭小姐计划在开业的同时开展炒店活动，抓住主要的客户群。

谭小姐将开业日期定在了9月6日，并通过群发短信、发表微博、派发宣传单进行预热，宣传在开业当天开展买一赠一和消费抽奖活动。在开业前一天，谭小姐又对店内外进行一番布置，贴上宣传海报，悬挂横幅等，营造出热闹的氛围。开业当天，果然吸引了大量的学生前来消费，谭小姐的奶茶店成功打响了第一枪。

谭小姐策划的炒店活动很简单，但却达成了很好的效果，原因就在于她在正确的时机，采用了正确的方式。

谭小姐将开业时间定在9月6日，主要是考虑到学生到校进行报到肯定有许多事情要处理，可能没有太多时间到校外。稍微推迟几天，既避开了学生入学的忙碌期，也为宣传预热留出了时间。

学生在校园内最主要接触的是网络、是手机，很少会接触报纸和电视，所以谭小姐以短信和微博作为主要宣传手段，既有效，成本又低。

预热成功了，其实谭小姐的炒店活动就已经成功了一半。奶茶是大学生普遍欢迎的饮品，看到学校旁边有新店开业，又有优惠，肯定会愿意去尝一尝，只要味道出众，价格公道，很容易抓住他们的心。

我们在做炒店方案策划时，在炒店活动具体执行中，都要注重对时机、方式的选择。在进行宣传预热时，要考虑时间、成本、主要客户群等因素。

当然，更多的时候，经营者会“后知后觉”。在制订炒店方案的时候，有许多方案经营者并不确定最终能取得什么效果，只有炒店活动实际展开后，炒店结束后通过对各种数据统计分析后，经营者才知道哪个环节做得好，具体取得了怎样的成果。

在炒店结束后，对本次活动中进行亮点点评，也是十分重要的。无论是多么细微之处，只要效果好，都是炒店活动的亮点。

在发掘出亮点之后，还要对该亮点进行分析，要知道它为什么好，为什么能吸引消费者，不能仅仅因为这次效果好就生搬硬套地应用到下次炒店活动中。市场是不断变化的，只有掌握了原因，才能根据环境的变化做出针对性的改进调整，保证下一次能取得同样好的效果。

第三节 短板诊断

谭小姐对炒店活动的效果感到相当满意，但在事后分析时，谭小姐突然想到，自己在炒店中只准备了买一赠一和消费抽奖两种优惠方式，却没有针对单独行动的消费者设计相应的优惠活动。一个人很少会一次喝两杯奶茶，放久了也不好喝，买一赠一的优惠对他们毫无意义。尤其是大一的新生，在刚入学的时候肯定独自一人的时间多一些。

谭小姐意识到了自己考虑不周之处，她将这一点写入活动总结中，提醒自己在下次活动中要准备更多更全面的优惠活动。

我们策划炒店活动时不可能考虑得滴水不漏，即使想周全了，在炒店活动的实际执行中，也会出现跟我们预料中完全不同的状况。同亮点一样，很多短板我们也是在活动结束后的分析中才能发现。

在发现炒店活动中的短板之后，不能武断地认为，这个环节或方式不行，不适合我的店，下次炒店活动中不再采用了。这种判断显然太过主观。

炒店活动中的某一点没有取得预想中的效果，也许是因为与店铺特性不合的原因。但这种不适合可能是阶段性的，只是这次的时机选择得不好，换个时段就会有不一样的效果。还有，员工在具体执行时方法不对、力度不足，也有可能导致某环节的失败。

经营者要通过数据分析想得更深入一些，不能只是简单的，效果不好就剔除，这种策略不能保证下次炒店活动能取得更理想的结果。

找出短板的具体原因，如果该短板确实不适合自己的店铺，不能吸引主要消费群体，就予以剔除，在下次炒店活动中选择替代方案。如果是时机选择、执行不力的原因，则要提出改进方案，在下次炒店活动中选择正确的时机，使用正确的方式，争取让短板变为亮点。

第七章

炒店“七部曲”之七——爆款打造

第一节 爆款爆“炒”前的准备

什么是爆款？爆款就是一个店面中销量很高的一个产品，简单地说，就是人气旺，买得多，往往供不应求。

为什么要爆款爆“炒”？爆“炒”的原因并不是要追求销量，而是为了给自己的店面做一个广告，让更多的人记住自己的店面，光临自己的店面，从而达到一种宣传的目的。

打造爆款是每一个卖家所梦寐以求的，由于市场的需求，爆款带来的客流量和成交量让很多的卖家都趋之若鹜。那么如何让爆款爆“炒”，从而提高自己店面的销量和知名度，在市场中占有一席之地呢？

选择爆款的四大关键词

爆款的前提是要选款，只有选择一个好的产品成为爆款才能增加销量，吸引顾客，从而达到炒店的目的，那么如何选择一款较好的爆款产品进行炒店呢？

关键词一：销量

无论什么店面，销量是一个店铺的证明。一个产品有了很多的人购买后，说明这件产品受到了大家的肯定，自然而然地会让其他人感觉这款产品是不错的。很多人都有着跟风心理，如果一个产品的销量高，那么多数人都会选择这个产品，所以多次的购买记录和评价，更加全面地诠释和透露了这个产品的信息，因此销量较高的产品最适合作为爆款。

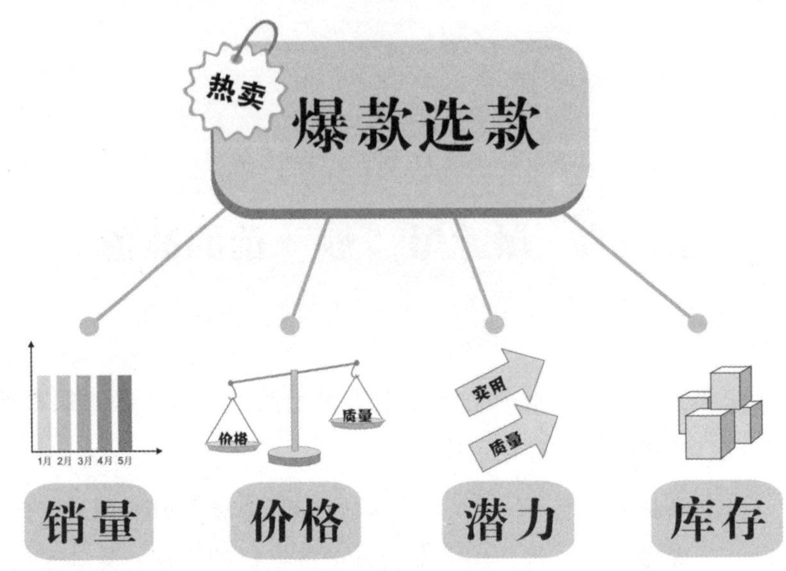

炒店中选择爆款的四大关键词

某些产品的销售量确实很高，但是它或许受到环境、人群或者其他竞争者的影响。虽然销量高，吸引的却只是一小部分的钟爱者，对于大众来说，并没有太多的人去认可它。销量的大起大落，跌宕起伏，会使得这种产品相对不稳定，所以是不适合作为爆款的。

而某些产品在上市的三个月内的销售量都是高居不下，虽然不是第一，但却起伏较缓，趋于平稳，没有太大的波动，一直保持着领先。这种产品受到大众普遍的欢迎，它们适用于各个阶级和年龄段的人，因此他们是相对平稳的，也绝对不会出现低谷。这样稳定的产品，如果当做爆款来吸引客户可以获得更多人的认可，卖家用来炒店吸引客户也是最安全、最稳妥的。

关键词二：价格

很多人来买爆款的一个因素就是它很便宜。会什么要用爆款来炒店？一般来说，爆款并不是卖家用来真正赢利的所在，它们只是用来吸引客户的一个手段。爆款的价格必须让广大买家都能接受，就算不赢利或者亏本，只要能吸引来买家，保持人流量也是成功的。目的就是为了用爆款去炒店，从而达到一种宣传的目的。

所以在选择爆款前，一定要选一款质量有保证、价格平民化的产品，换言之就是选一款性价比高、物美价廉的产品去做爆款。性价比是客户购买产品的一个前提，也是一个保障，较好的体验感觉会直接影响到店铺的回头率，从而“炒”出你想要的结果。

关键词三：潜力

在你选款前，一定要考虑你所选的产品是否有资格成为爆款，他是否有这个潜力成为炒店的亮点，这就对所选的产品有着较高的要求。

首先，这款产品是否实用。如果这款产品不实用，那么购买的人就会相应的减少，客人减少代表着销量和人流量的减少。

其次，产品是否有质量。我们都知道，产品的质量是一个关键，价格再便宜，买家买到的却是一堆垃圾，这会让他们很生气，或许以后再也不会买这家店的东西了。因为给他们的感觉是这种购物体验很差，不仅钱花了还让自己心情变得不愉快。这样会使他们对店面失去信任，会影响到店面的形象，还可能会造成负面影响，陷入一个恶性的循环。

关键词四：库存

如果你选择好了一个爆款用来炒店，那么就必须考虑一下这个爆款的库存是否充足。如果爆款大卖，大量的顾客都要购买，而店铺中却没有那么多的存货，那么被吸引而来的顾客该如何交代？

爆款的断货，会让很多买家感觉到很失望，没有购买到产品的买家便对新爆款没有任何的了解，从而失去购买欲。这是对店铺的一个负面影响，客流量也会因此流失，炒店的意义也就消失了。所以在选择爆款前要保证好充足的库存，可持续地生产，只有才能让爆款发挥真正的意义。

能借力的外界因素

有些打造爆款的商家都会忽略一个问题，那就是除了产品之外的一个外界因素。什么是外界因素呢？

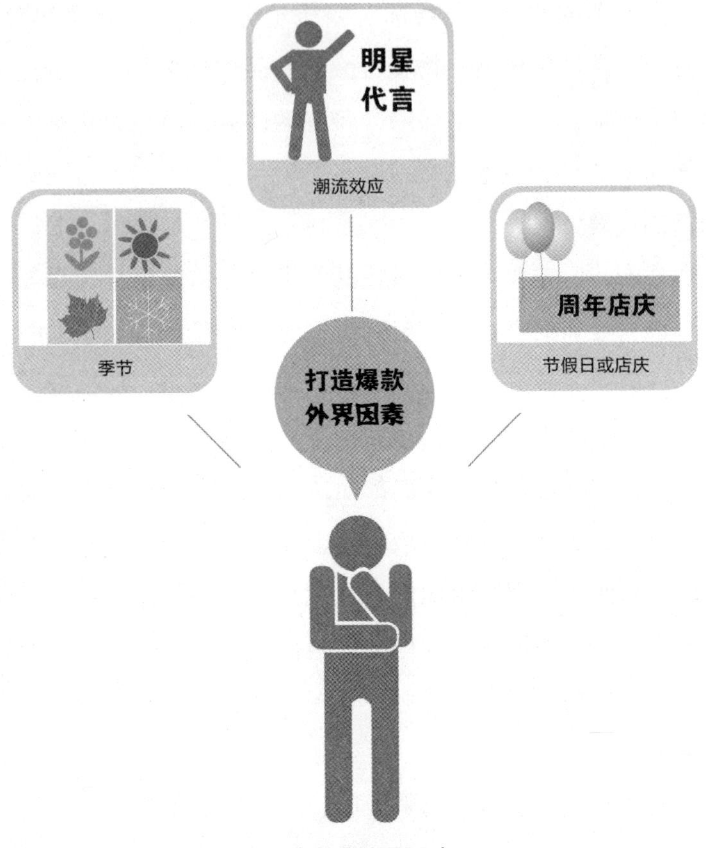

能借力的外界因素

外界因素一：季节

例如服装类项目，产品所针对的销售季节是春季还是夏季，抑或是四季？哪个季节才能达到理想的销售效果？比如夏天要以短袖短裤为主，而冬天则以毛衣棉袄为主，而衬衫则是四季都可以去销售。正确的时候做正确的事，才会得到一个正确的结果。

外界因素二：潮流效应

比如世界杯举行期间，很多足球明星都代言了不同的产品，这就蕴含着潮流效应。只要有明星代言产品，那么这款产品的出现必定会吸引他人的注意，强化产品，从而扩大影响。潮流效应可以刺激消费，带动人群，从而达到宣传和收益的目的。

外界因素三：节假日或店庆

选择节假日或者店庆的时候举行炒店活动。在节假日的时候，街上的人数势必会增加，人数的增加意味着顾客的增加，这个时候可以推出买爆款送礼品的活动，这样便会吸引很多顾客前来观看，增加了人流量从而得到收益。

那么如何能了解和掌握借外界因素之手去打造爆款从而更好地进行炒店呢？下面我们来看一个例子。

张小姐是一家瓷器店的老板，她最近准备打造一件爆款用来宣传，以提高店面的知名度。经过张小姐的细心挑选和排除后，她选择了店里的两款水壶，一款是冷水壶，另一款是茶壶。这两款的销量一直都排在前列，半年之内都很平稳，没有太大波动。而且价格很便宜，趋向于平民化，水壶的造型古朴，手感质地各方面都是上乘，最主要的是这两款茶壶的库存都很充足，是打造爆款的不二选择。

可是有一个难题摆在了张小姐的面前，因为她只想打造一个爆款，可是现在有两个很不错的产品摆在她的面前，这让她不知道该选择哪一个。于是她就想和自己的老公王先生商量一下，王先生看到两款水壶后便指着茶壶说：“就是这个了。”

张小姐看到自己老公的选择后有点疑惑，所以问道：“为什么要选择这一款呢？”王先生解释道：“你看现在已经是秋季了，夏季已经过去，虽然现在的气温降得不是很明显，但是过段时间就应该会变得清冷了，所以用冷水壶的人肯定不多了。所谓春困秋乏，进入秋天之后人们身体会变得乏力，而且很容易上火，所以这个时候很多人会选择去喝茶。无论是提神醒脑的绿茶还是清热去火的枸杞菊花茶，用茶壶泡才是最好的选择，只有茶壶才能泡出那种味道。而且我们的茶壶造型高雅，色泽古雅淳朴，不仅可以泡茶，还有不小的欣赏价值，这是我们茶壶的一大特点。”王先生说道。张小姐听到老公的建议后觉得很好，便问道："那我们什么时候开始炒店?"王先生说："再过两天就是我们店开业一周年了，那个时候我们可以搞一个店庆活动，就把这款茶壶打造成爆款。"两天后店庆成功举办，买家们都说这个季节喝茶最好，而且茶壶样式大家都很喜欢。因为这个爆款的成功，炒店的效应便体现了出来，张小姐店铺的人流量增加了很多，名气也大了起来。

用炒店方式打造爆款，不仅要看爆款本身的综合条件如何，还要结合外界的因素。在借用外界因素前最好先看看这个因素是否能和你的产品相结合，良好的外界因素和合理的运用，才可以为你的爆款锦上添花，炒店才得以成功。

准确了解店铺的数据

开店、炒店、打造爆款都是为了达到一个宣传的目的。炒店过程中所有发生的一切都会以数据的形式全部展现在卖家的面前，而且每一步都是紧密相扣的。举个例子来说，如果没有宣传，势必没有人流量，没有人流量也就没有销量，没有销量也就意味着没有收益。这是一个无限的死循环状态，可是如何更清楚明确地看出自己店面所处的状态？那么这个时候了解店铺的数据是必不可少的。

怎么才能更好地了解店铺的数据呢？两种分析方法告诉你该怎么获得数据。

1. 爆款销量

爆款数据是店铺货品销售数据分析中最简单，最直观的，也是最重要的数据因素。爆款在一定时间内的销量能直观地反映出炒店进行得是否顺利，可以对订货、存货等其他一些操作有更准确地把握。最好多观察爆款最近三个月的销量如何，对爆款销量的分析对其他款式的产品都有着较大的帮助，在对爆款进行宣传的同时可以对滞销款进行促销，可以平衡一下销售款式，从而加速资金回笼，减少库存带来的损失。

2. 爆款的库存

与此同时也可以对爆款的时间周期进行分析，以判断出是否缺货或者产生库存压力，从而及时做出相应的对策。爆款有时候受到季节和气候，产品自身的特点和相近产品之间竞争等的影响，所以在进行分析后可以得出爆款的销售潜力是否合格，是否还能继续销售下去。

3. 店铺的人流量和销售额

一般店铺的开业和打烊的时间是差不多的，但是不同时间段的顾客是有波动的。这就需要对每个时间段的进店人数、试用人数、购买人数和收益等进行分析，从而得出哪个时间段顾客的进店率、试用率和购买率是最高的。比如店铺刚开门的时候这些数据较低，而下午的时候这些数据较高，这就意味着下午的人流量高，购买人数多，相应的收益就高。

在炒店的过程中，只有及时掌握了市场和顾客的需求及变化规律，才能根据相应的情况做出相应的判断。通过对店铺数据的分析，可以及时反映店铺当前的一个实际情况，有助于卖家及时发现和处理炒店过程中所存在的问题，更有利于爆款的销售和炒店的进行。

在炒店的过程中，每一个环节都需要信息的交流，如果缺少了数据直观的体现，那么局面有的时候会变得失控。只有详细了解了店铺的数据，从数据中得到直观重要的信息，才能更好地走出下一步。

前期宣传要点

打造爆款的工作一切就绪后，那么就只剩下宣传你的爆款了，就是让别人了解到你店铺的信息，清楚明白宣传的产品到底是什么。

刘先生刚开了一家服装店，他想进行一场炒店活动来打造一款爆款产品，以此提高影响力。他选择一件T恤作为店面的爆款，而宣传的方式则是宣传单。这件T恤是新上市的韩版T恤，主要面对的对象则是青年。T恤光鲜亮丽，样式奇特，让人穿起来显得特别的青春阳光。这款T恤的另一大特点是无性别限制，无论男女都可以穿在身上。为了让爆款更加的吸引大众眼球，刘先生特地在宣传单上写着，这件T恤可以变成情侣衫，而且第二件半价。

从刘先生的例子中我们可以得知，刘先生所用的宣传方式是宣传单，卖的衣服主要面向的是青年，而内容上是宣传衣服的特点，可以变成情侣衫，且第二件是半价。由此我们可以看出，宣传的要点大致上分为了三个：①宣传方式；②宣传范围；③宣传内容。这三个是前期宣传的三个要点。

前期宣传要点

要点一：宣传方式

你要宣传你的爆款，那么你的宣传手段有哪些？你是贴广告，还是发传单来让更多的人知道你的店面？如果你的资金充足，是否考虑在电视上做广告或者在网上做推广？宣传的方式样式繁多，层出不穷，这需要结合你的宣传资金选取最恰当的方式。

要点二：宣传范围

宣传范围是一个选择，就是说你的爆款所面向的消费人群是哪些，这是最为重要的一步。就像你不可能把冰箱卖给爱斯基摩人一样，因为他们不需要。所以选择正确的消费人群是重中之重。当你定下一件爆款时，一定要在内心中确定好爆款的销售范围，比如是男士还是女士，是韩版还是英伦，适合青年还是中年，抑或是老少咸宜。

要点三：宣传内容

最后一点，也是最为主要的一点，那就是宣传的内容。在宣传前一定要知道自己的宣传目的是什么？答案很明显，那就是宣传你的店铺，还有店铺中的产品。所以在宣传前一定要凸显出你店面的文化气息，根据周边的消费人群去填充你的宣传内容。一定要把店面的特色、亮点给凸显出来，最好写出某些产品打折或者爆款优惠活动，尽最大可能去吸引大众的眼球，让大家眼前一亮，一眼就能记住你的店，能在其脑中留下深刻的印象。

良好的宣传会有一个完美的开局，影响到炒店是否能顺利进行。用心和全面地去炒店和宣传你的爆款会让顾客感受到你的诚意，也会让他们感觉到你的店面已深入人心，无处不在。因此你的店面一定会有巨大的人气，有效地抢占市场的先机，并提升销售。

第二节　爆款如何“炒”

在炒店的过程中，毫无疑问，爆款已经成为了一个非常突出的宣传点。很多炒店活动的目的就是把爆款给炒热，因为这样才能够让爆款带动着其他产品的销售。炒热爆款，在整个炒店过程中显得尤为重要。

找出产品的卖点，并做好宣传设计

什么是卖点？所谓的卖点就是指商品具有了前所未有或者说与众不同的特色、特点。这些特点一方面是产品与生俱来的，而另一方面是卖家创造出来的，是无中生有的。卖点就是在同等产品中的一种优势，如果在顾客的需求当中体现不出优势，那么卖点也就不能称为卖点了。

那什么是宣传设计？宣传设计就是为店铺的品牌或者卖点，打造出一个完整的形象，让别人了解你的店面。

那么如何找出卖点呢？其实卖点就是一种需求点，需求点又分为很多种，比如精神上的需求，身体上的需求，有形的或者无形的需求。例如一款新打造的爆款刚刚推出，是某个大明星代言的，那么有些人并不会去仔细了解爆款的信息便会买下来。他们的目的便是想满足一下自己的虚荣心，因为这款是最新的还没有几个人买到，而且是明星代言的，用起来有面子，这就是精神上的需求。而有些人则会选择性价比高的爆款，比如这款爆款用起来方便舒适，这就是身体上的需求。这些都是需求点，只要你的产品中有顾客们的需求，那么他们的需求便是你可以打造的卖点。

例如王先生是某个厨房卫具店的老板，8 月的某一天，天气燥热，王先生想让自己的爆款榨汁机销量增加，于是他想爆“炒”一下榨汁机。一个大姐到了王先生的店铺外面看到在做炒店宣传活动，榨汁机摆满了两旁，便走进了店中。王先生看到大姐进来后立马介绍起这款榨汁机，那个大姐说：“听说榨汁机很难清洗。”

王先生听到这里连忙拿起几种不同的水果和几块冰块放进榨汁机当中，一会儿便拿出一杯冰镇的水果汁递给那位大姐，对她说道：“您先尝尝如何。”那位大姐喝了一口顿时感觉全身都清爽了很多，连忙点头说好，这时候王先生立马把榨汁机拆开用清水冲了一下，短短几秒钟的时间，原本黏在上面的水果屑都清除得干干净净。大姐看到这个榨汁机清洗起来那么简单，而且榨出来的果汁清爽可口，便毫不犹豫地买了一台回家。

从案例中我们可以看出，顾客停留在榨汁机前，其实内心是想买榨汁机的，但是顾客听说榨汁机很难洗，说明顾客想要一台容易清洗的榨汁机，这就是她的需求点。所以王先生果断把机器当着顾客的面清洗了一遍，就是为了证明这款就是你所需求的。

既然爆款的卖点已经找出，那么如何对其进行宣传设计呢？在宣传设计时一定要强烈展示出爆款的独特地方，就像例子中的榨汁机易清洗一样。要根据爆款的实际情况，结合自身特质去进行宣传。比如你的产品有着独一无二的功能，有着类似产品所没有的特质，亮点突出性价比高，抑或是价格有优势，这些都是宣传设计中所要重点提到的。只有清楚地了解了爆款的闪光点，发现其蕴藏的卖点，才能更好地去爆“炒”你的爆款。

推广方式及时间

无论是产品推广还是活动推广，选择正确的时间，使用正确的方式，都是确保推广能够卓有成效的重要因素，爆款推广也不例外。

爆款爆“炒”，不仅要挑选出正确的产品，塑造出爆款形象。更重要的，是要将爆款信息推广出去，尽可能让更多的消费者知道，吸引更多消费者的目光。“炒”爆款的目的就是要销售，而且是大量地销售，对爆款进行推广，是达成销售目的的前提条件。

爆款的推广要贯彻炒店活动的始终，并伴随炒店的宣传同时进行。在炒店的宣传预热期，就可以开始进行爆款的推广。

利用报纸杂志进行爆款推广，要考虑到报纸杂志的印刷排版时间，以及发行的周期。一定要确保在炒店开始之前让消费者看到推广信息，不然爆款就无法借助炒店的势头。

广播和电视是最为常用的一种推广方式，但是广播完全依靠声音进行传播的推广方式，由于无法向消费者展现爆款的具体形象，消费者不能对爆款有更深入的了解，因此这个方法可以不考虑使用。电视宣传虽然范围广泛，也有强大的表现力，但是成本实在太高，而且广告的制作、档期的安排都十分麻烦，因此也不予考虑。

使用网络推广是一个不错的选择，不仅表现形式丰富，而且成本极低。在炒店开始前一周左右，就可以到相关的论坛或门户网站发布爆款信息。

微博、微信也是推广的好帮手，特别是在现今这个社会，由于人们对信息的了解在不停地上升，基本上每个人都会使用微信、微博，而且微博、微信能随时随地查找自己想要的信息，简单方便快捷，最主要的是范围较广，覆盖了不同年龄不同阶段的人群。因此在微博或微信上发布爆款信息后，请亲朋好友进行转发，可以很快地将爆款信息推送到个人。

店面推广也不能怠慢，在炒店开始三天前，就在店铺里外贴上爆款宣传海报，让经过的消费者、进店购物的消费者都能看到爆款信息。制作爆款宣传单，在店外同炒店宣传单同时进行派发。

炒店开始前一天，通过群发短信宣传爆款，进行炒店前的最后推广。

在炒店活动进行中，同样要对爆款进行持续推广。对于能够提供体验的产品，如手机、照相机等电子产品，可以在活动现场设置爆款体验区，让消费者亲身体验，提高他们对爆款的感知和认可。对于无法提供体验的产品，则一定要将爆款产品安排在店铺内最醒目、最显眼的位置，或是在店铺外设置爆款展示区，让消费者更容易注意到。有条件的情况下，还可以在现场设置 LED 屏幕，通过屏幕播放爆款产品的宣传短片。

活动期间的注意事项

选款、宣传、卖点和推广等一切都完成后，那么下一步就是要开始进行炒店活动了。炒店不是促销，目的在于增加人气，扩大知名度，打造爆款等。把人流量转为客流量，客流量转为销售量，销售量转为销售额，只有每一项都做好，炒店活动才算是圆满成功。这是一个很有难度、很有挑战的活动，那么炒店活动期间应该注意什么事项呢？

注意事项一：爆款展示

爆款展示一定要用最直接清晰的方法将卖点告诉顾客，根据爆款的特点对人群进行一个划分。首先要把能够想到的爆款特点罗列出来，然后再从中找出一个最能体现该爆款的特点，将这个特点与其他产品的差异放大，为的就是体现产品的特质，进行卖点的提炼。但是卖点一个就足已，卖点越多，会让买家难以定位，因而就失去了爆款的意义。

注意事项二：产品参数

产品的参数就是用一系列的爆款数据让买家清楚地了解这款产品的详细情况，简单明了地告诉买家这个爆款的好处到底在哪里，为什么比其他产品要好。比如，鞋店就要写出鞋子的做工、尺码、设计理念等数据；手机店就可以把手机的配置、材质等信息清楚描述出来。产品参数要简单明了，简单易记。

活动期间的注意事项

注意事项三：细节展示

细节的展示也不是越细越好，有的时候太过于详细就会给卖家和买家带来压力。比如有的细节不尽如人意，会被眼尖的顾客所发现，这样就会影响到顾客的体验感觉。一百个人眼中有一百个哈姆雷特，有些细节上的处理并不是每个人都能接受的，所以细节的地方就用描述带过就好。

注意事项四：顾客体验

顾客体验是通过对爆款的尝试，从而得到的一种结论。让客户知道，到底描述的是否真有实际用起来那么好。总体来说，就是先用强大有力的证据来体现爆款真正的实力，然后再让顾客去体验，“以德服人”，目的就是让顾客信服。

注意事项五：产品包装

实际上销售的爆款在顾客的心中往往像是一个礼品一样，包装就成了一种面子，所以顾客会非常看重包装。有包装盒的产品一般情况下会比没有包装的更吸引人一些，因此这个环节也不容小觑，如果你的爆款还没有包装盒或者其他的，那么就赶紧行动去给你的爆款穿上漂亮的“新衣”吧。

注意事项六：购物须知

既然顾客买了你的爆款，那么是否要告诉他一些需要知道的事项呢？比如爆款的保修，多少天可以更换，或者电子方面爆款的售后服务等。这些都要和顾客说清楚，以解除他们心中的顾虑，好的售后也是累计客流量的一种方法。

爆款销量上升后的维护

当炒店成功的举行，爆款的销量增加，进行一段时间的推广后便进入了稳定期，最后一步便是爆款的维护了。那么该怎么维护爆款呢？

1. 爆款客流量及成交量维护

爆款的销量达到一定的数量后就有了消费人群，会为店铺带来稳定的客流量。那么怎么充分利用这部分客流量提高二次购买率呢？在生意场上没有永远的朋友，只有永远的利益，如果卖家和顾客之间没有了共同的利益，那么所积攒的人流量便会消失，相应的交易量势必也会下降。只有让卖家和客户之间的利益最大化，才是维护人流量最为关键的中心点。

有数据显示，开发新顾客所耗费的资金是维护老客户的好几倍，所以当有人成为你的新顾客的时候一定要想办法让他变成你的老顾客。这其中就有着很多的方法，比如首先可以在店铺内设定 VIP，让顾客在购买达到一定金额后荣升为 VIP，而 VIP 代表着贵客，可以享受更多的优惠待遇。

其次，可以和老顾客之间举行互动。比如在店庆的时候，可以打电话通知老客户，让他们来参加活动，把活动的详细情况第一时间告诉他们。这会让他们感觉到自己一直被你记在心中，让老顾客在心里感觉到一种温暖，会认为你这家店铺很人性化。在和老顾客互动的同时还可以趁机吸引新的顾客，可谓一举两得。

最后还需要和老顾客保持忠诚度，比如节假日或者店庆的时候向老顾客们发送短信问候，或者发送贺卡和小礼品，抑或是将打折券送给他们，欢迎他们的下次光临。只要维护好这些老顾客，便是留住了人流量，也相应地增加了交易量。

2. 服务上的维护

一般爆款都会经过选择、成长、热卖、衰退四个阶段，这也就是大家常说的爆款的生命周期。当爆款成功打造后，一定要保证爆款的货源充足，保证不断货，而且质量上一定要做到最好，不要为了数量而放弃了质量，否则的话会得不偿失。在此期间一定要对爆款的销售信息进行严格的记录，比照一下上个月或者上个星期的销售量对此进行一个总结，从中发现爆款的销量是增了还是减了，做出相应的对策。

价格方面一定要根据情况来进行调整，多观察对手相似类型的产品对自己有哪些威胁，根据爆款本身的特性进行改动，一定要迎合市场，根据情况对爆款进行升级，不可盲目地打价格战。

除此之外，维护爆款一定要做到超出客户满意度的服务，不可有烦躁情绪，态度一定要好；保证发出爆款的包装正规，样式好看和完好无损，不可有一点瑕疵；及时解决客户的问题，把顾客的问题当做自己的问题，让客户感受到你的服务是到位的，态度是热情的。

QIYE CHENGZHANGLI SHUJIA
企业成长力书架
助 力 企 业 成 长

中国财富出版社*[*]
北京联大文化 联合出品

作　者： 李锋　葛静　　**定　价：** 39.80 元
出版社： 中国财富出版社

《炒店：7 步实现门店网点人流量激增、销量翻番》

内容简介

本书致力于用平实的语言、贴近生活的案例、详细的步骤描述来展现炒店的整体面貌。不去过多地讲解理论，而是注重实际的可操作性、可应用性，尽可能讲述全面具体的执行方案、执行方法，让你阅读完本书后能够策划出一套属于自己的、适合自己店铺的炒店方案。

作　者： 陈明亮
定　价： 39.80 元
出版社： 中国财富出版社

《怎么做，别人才追随》内容简介

追随力是领导力的重要组成部分。追随力看似抽象，无从把握和建立，但是经过仔细地研究和学习，追随力其实也是有迹可循的。本书作者有着丰富的管理实战经验，并长期从事企业领导培训工作。在本书中，作者将从各方面为读者介绍何谓追随力、追随力能够给企业带来的益处、企业家应该从何处着手建立追随力以及建立追随力时应该注意到的一些问题，希望能够为各位企业家排忧解难。

作　者： 周子人
定　价： 35.00 元
出版社： 中国财富出版社

《管理者自我修炼》内容简介

管理才能不是天生的，需要不断地在工作中磨炼。优秀的管理者应该可以驾驭任何的员工，因此，管理者应该从自身出发，找出自己的不足之处，不断修炼自己，提升自己的领导力。本书为管理者解读管理工作的真谛，助力管理者自我修炼。

作　者： 杨平
定　价： 35.00 元
出版社： 中国财富出版社

《领导角色与艺术》内容简介

本书针对现实中领导者的角色“错位现象”，分析了领导者为什么要进行角色管理、如何成功实现领导角色的转变，以及如何成为一名成功的领导者等问题，并总结了领导者的七大角色，为领导者进行角色管理提供参考。通过阅读本书，相信广大领导者可以更好地认识自己，知道身为领导者应该做什么、怎么做，从而更好地扮演自己的领导角色。

[*]注：中国物资出版社已于 2012 年 4 月 1 日起正式使用新社名“中国财富出版社”。

作　者： 吴群学　　**定　价：** 35.00 元

出版社： 中国财富出版社

《管理就这几招》（第二版）内容简介

本书第一版在持续两年的热销之后，作者吸取了很多专家的建议和企业一线的管理经验，隆重推出了第二版。全书在第一版角色管理、目标管理、团队管理和自我管理的主体框架不变的基础上，对部分管理经验和方法进行了补充和完善，使之更贴近企业实际，更顺应时代赋予管理的各项职能，简单实用。

作　者： 吴东

定　价： 32.00 元

出版社： 中国财富出版社

《九型人格与卓越销售力》内容简介

本书依据“九型人格”理论，将销售人员遇到的顾客分为九种不同的类型，通过探讨每种类型顾客各自的优势和弱势，分析他们在购买商品与谈判中的“心理弱点”。最终，教会销售人员如何牢牢抓住顾客的心理弱点、掌握他们的思维方式、学会与他们的对话技巧，以此提高销售技能，卖出更多的产品。

作　者： 高乃龙

定　价： 32.00 元

出版社： 中国财富出版社

《夹缝中的利润：小微企业的生存赢利之道》内容简介

和世界500强相比，中国企业是小微企业；和中国500强相比，中小企业是小微企业。我国的小微企业是解决就业问题的主要力量，但小微企业的发展却面临困难。本书是帮助小微企业突破自身困境的第一本实战书籍，书中结合企业案例现身说法，通过独到的分析、有效的定位和精准的策略，最终帮助小微企业实现可持续发展。

作　者： 高子馨

定　价： 32.00 元

出版社： 中国财富出版社

《形象决定身价：职场人全方位获得成功的 6 个魔法》

内容简介

你一定羡慕过那些商界、政界精英们翩翩的风度；你一定渴望着在别人面前表现得潇洒自如。个人形象是个人竞争的软实力，纵然你有很高的学历，纵然你经验丰富，如果没有良好的个人形象，你也很难取得成功。本书从什么是个人形象出发，通过生动形象的事例论述，专业权威的建议提示，帮助你一步步提升个人形象和气质。相信你能够在书中找到你尚未成功的原因，也能够找到通向成功的捷径。

作　者：付述信　　定　价：32.00 元

出版社：中国财富出版社

《职业化团队五项管理》内容简介

本书从五个方面阐述了打造职业化团队的管理方法：目标管理、团队精神管理、执行力管理、责任管理、结果管理，以此对团队运营和团队成员的能力提出要求。全书的内容是以经典的案例开篇，使每一个读者可以从故事中领略到管理的奥妙，经过对案例的分析，给出最恰当的管理方法。用最浅显易懂的语言概括出了管理团队的精髓，旨在让每一个读者明白，打造职业化团队并不是深不可测的。

作　者：刘逸舟

定　价：35.00 元

出版社：中国财富出版社

《说服的力量》内容简介

是否具备说服的能力决定了你生活的顺利程度、决定了你事业上的发展、决定了你是否是个具备影响力的人，甚至决定了你能否掌控自己的人生。掌握了说服力的人，能够使他人遵从自己的意愿，能够使他人自愿地帮助自己，能够把陌生人变成好友，把冲突化解为无形，使家庭中的关系更加和谐。

本书全面揭晓说服中的奥秘，通过专业的分析与归纳，帮助你建立自己强大的说服力和影响力，使你避免在人群中人云亦云、随波逐流！

作　者：刘星

定　价：32.00 元

出版社：中国财富出版社

《职场 360 度沟通：职场人交流得力的完全沟通术》内容简介

人脉是成功的关键。那么，这人脉从哪里来呢？需要你去开发、去构建，方法就是发挥自己的心思，抓住遇到的每一个人，去好好地沟通、交往。良好的人际交往能力是形成雄厚人脉资源的不可缺少的要素。本书即讲述了各种最适合职场达人或菜鸟们学习、运用的沟通技巧，掌握这些沟通技巧，即会成为打遍职场无敌手的精英高手。从现在开始，努力修养自己的沟通能力，成为战无不胜、可以搞定任何人的职场达人吧。

作　者：蒋巍巍

定　价：32.00 元

出版社：中国财富出版社

《冲突管理：化冲突为转机的 9 个步骤》内容简介

现代商业社会竞争日益激烈，企业稳定的重要性不言而喻。不管什么样的企业，都应当及时处理冲突，不让冲突激化，才能有更多的精力提升核心竞争力，从商业大潮中脱颖而出，走上成功的巅峰。在这本书里，我们将为管理者带来全新的思路和手段，从冲突的源头，到冲突的结果，一一为管理者详细解读，彻底解决“冲突到底要怎么管”这一职场难题。

QIYE CHENGZHANGLI SHUJIA
企业成长力书架
助力企业成长

中国财富出版社
北京联大文化 联合出品

作　者：张友源　　**定　价：**29.80 元

出版社：中国财富出版社

《左脑情绪管理　右脑压力管理》内容简介

大脑是人体的中枢，人生所追求的工作幸福、生活幸福，其实都隐藏在人类的大脑中。本书的独到之处在于提出了人类大脑的功能分区问题，主张每一个人都应该科学地使用好自己的左右脑，以使自己生活得幸福，在工作中享受到幸福感。作者认为，人类的左脑控制着情绪，而右脑则控制着对压力的感受，当左右脑彼此结合起来使用或交替使用时，就可感受到幸福，由此而揭示了幸福的神秘密码。

作　者：杨长征

定　价：35.00 元

出版社：中国财富出版社

《领导三斧半：100% 实现目标的领导智慧》内容简介

什么样的领导才能带领团队走向成功？如何做才能称得上是“优秀领导”？本书从古代名将——程咬金的“三板斧”入手，通过形象的语言、生动的案例及清晰的分析，将领导者的工作智慧总结为“领导三斧半”：瞄、抡、砍、变。灵活运用“领导三斧半”，打造名副其实的“优秀领导者”！

作　者：郝枝林　刘飞

定　价：39.80 元

出版社：中国财富出版社

《渠道为王：找对渠道做销售》内容简介

渠道就是市场，占领渠道就是占领市场。本书从 IBM、DELL 等品牌的实际案例入手，揭示了渠道在市场营销过程中的重要意义。通过渠道理论与实践充分结合，指导实际的销售活动，是一本全面解读渠道战略的实战宝典。

作　者：陈星全

定　价：32.00 元

出版社：中国财富出版社

《谈判攻略：销售这样谈最有效》内容简介

本书是一本结合销售实践和谈判技巧的实用工具书，对销售谈判人员在谈判过程中的不同阶段、消费者的不同心理，以及谈判者应该怎么去面对客户等方面都作了详细的介绍，内容通俗易懂，栏目设置精彩纷呈，可以帮助销售人员从根本上理解销售的本质，提升自我销售境界，对销售谈判人员的工作具有指导作用。

QIYE CHENGZHANGLI SHUJIA

企业成长力书架

助 力 企 业 成 长

中国财富出版社
北京联大文化 联合出品

作　者：潘永德　　**定　价：**26.00 元

出版社：中国财富出版社

《藏在口中的财富》内容简介

好的口才有着不可估量的价值，是每个人都需要的生存技能，从工作中的求职升迁，到生活中的恋爱婚姻，从人际交往中的说话办事，到事业中的营销谈判，事事离不开口才。

好的口才能使你受益一生，本书正是一本实用口才技巧训练手册，从改善说话声音、表情动作、表达策略等方面重新训练你的口才能力，同时针对生活中与你关系最密切的说话场合，教授你最实用的口才技巧，让你突破语言的障碍，轻松应对各种语言场合！

作　者：龚光鹤

定　价：35.00 元

出版社：中国物资出版社

《领导应该这样当》内容简介

领导是一种经验，领导是一种智慧。本书凝结作者投资大脑近百万的学习精华，巧妙地结合了现代企业快速发展的案例，综合分析了团队建设、投资技巧、建立人脉等领导技能的最新进展，分享了成为优秀领导者的秘诀。通过理论与实践充分结合，将本书打造成提高领导力的终极法则。

作　者：匡晔

定　价：32.00 元

出版社：中国物资出版社

《这样销售最高效》内容简介

销售工作可谓“成也在人，败也在人”，而这个“人”就是销售人员。销售人员是市场销售战略的“先知者”，不仅带领着企业拨开销售的层层迷雾，更为重要的是能够发现销售的真谛。本书把销售实战和理论联系起来，使销售人员能够在赢得客户的过程中充分理解销售理论，从而积累深厚的理论素养，指导实际的销售工作。

作　者：朱广力

定　价：32.00 元

出版社：中国物资出版社

《金牌销售不可不知的 9 大沟通术》内容简介

你是否为自己满腔热情的介绍，客户却无动于衷而烦恼？你是否为自己坚持不懈的努力，产品却无人问津而神伤？你是否为自己勤勤恳恳地工作，业绩却无法攀升而无措？金牌销售的成功战术究竟为何？本书通过分析 9 大沟通战术，结合具体的案例，揭示了成为一名金牌销售的秘密所在。

QIYE CHENGZHANGLI SHUJIA

企业成长力书架

助力企业成长

中国财富出版社
北京联大文化 联合出品

作　者：吴群学　　**定　价：**32.00 元

出版社：中国物资出版社

《学规则　融团队》内容简介

当你进入一个团队，而自己又不能改变团队的规则，学习和适应规则就成为你进入团队的必修课。记住：学习规则，融入团队，你才能快速地进入职场人的角色。

团队内部的一切问题都来源于规则问题。认识规则、把握规则、利用规则，最终同规则融为一体，才能在职场生存并不断前进。本书将告诉你后 80、90 后职场人快速成长的法则！

职场就是：学规则、用规则、造规则！团队就是：先融入、再切入、后深入！

作　者：蒋巍巍

定　价：32.00 元

出版社：中国物资出版社

《左右逢源：职场人际关系的 9 堂课》内容简介

在职场上，你是否会担心孤立无援？是否会羡慕那些在人际关系上有特别天赋的人？是否希望为自己赢来良好的人际关系？职场成功又该如何界定？本书从职场里的一个个鲜活案例入手，生动地展示了职场中的沟通技巧，让你学会在职场中左右逢源，用人际打开晋升之门。

作　者：于飞

定　价：35.00 元

出版社：中国物资出版社

《向大客户要业绩》内容简介

抓住大客户，就抓住了大订单，抓住了高业绩，抓住了职场前景。所以，抓住大客户是每个销售人员的目标。然而要如何抓住大客户呢？这就是本书的价值所在。应对大客户的方方面面都需要更巧妙的技巧和方法，本书从 20/80 法则入手，帮助销售人员降低在销售工作中的成本投入，并提高能效产出，让销售人员掌握搞定大客户的技巧，在最短的时间拿下最大的订单。

作　者：马斐

定　价：32.00 元

出版社：中国物资出版社

《口碑载道：无本万利的营销方式》内容简介

对于所有企业的市场营销人员或是管理者来说，关注品牌形象和品牌发展，不如先好好了解一下如何做好口碑，这里面的门道究竟几何。本书从各大品牌口碑营销的经典案例着手，透析各家口碑营销之道，从中总结经验和技巧，提示企业市场营销人员及管理者，口碑营销是一门科学，必须认真学习和把握。

QIYE CHENGZHANGLI SHUJIA
企业成长力书架
助力企业成长

中国财富出版社
北京联大文化 联合出品

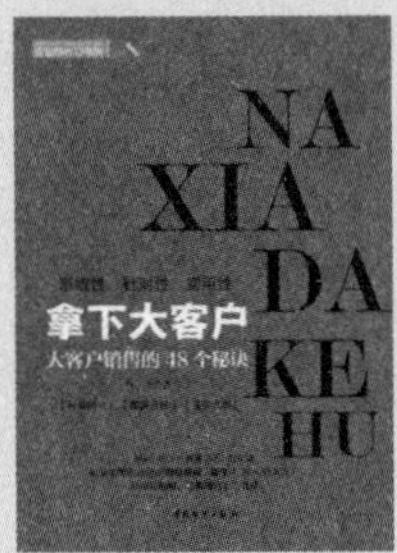

作　者：马斐　　**定　价：**32.00元

出版社：中国物资出版社

《拿下大客户》内容简介

企业的大多数利润是靠20%的大客户来赚取的。一个企业要发展，就需要有相当的利润作支持，而大客户是企业的利润源泉，生存和发展的助推器。如何获得大客户的签单？如何有效应对大客户的各种要求与质疑？请你不要着急，因为你手里的这本书已经为你考虑到了，并提出了相应的解决方案供你参考。

作　者：覃曦

定　价：32.00元

出版社：中国物资出版社

《服务制胜》内容简介

服务是一个长期工程，不能掉以轻心，也不能因循守旧，我们必须时时刻刻为客户着想，发自内心地为客户服务，真诚地为客户解决问题，注意细节，勇于创新，给客户提供最周到的服务。

本书分节介绍了各种服务法则，详细地帮助你解决服务过程的种种困扰，让你学会怎样达到客户的要求。

作　者：向成学

定　价：32.00元

出版社：中国物资出版社

《成交从异议开始》内容简介

本书专门针对客户常提出的各式各样的异议提供有效处理的策略与方法。书中列举了大量的销售案例，并大多以情景模式展开，目的便是更好地通过情景模拟来诠释异议处理的策略精髓。如果你还在为客户所提出的各式各样，甚至是千奇百怪的异议、意见、问题而感到头疼，或者说备受困扰，迫切地想要找到解决方法，那么，本书将为你结束困扰。

作　者：曾展乐

定　价：32.00元

出版社：中国物资出版社

《成交赢在心态》内容简介

心态是一个人一切言行的控制按钮，这个按钮决定着你生活中的一切。你的心有多高，你就能飞多高。只要拥有自己坚定的信念，不管在什么时候也不会被挫折打倒，你不再是一个弱者，而是一个能够改变自己生活的强者。

让你一步步改变自己的生活，让你成为销售中的强者，看本书怎样为你解答，相信你的选择，一定不会让你失望的。

作　者：张野　　**定　价：**32.00 元

出版社：中国物资出版社

《成交无限》内容简介

销售员在与客户沟通的过程中，80% 的客户或多或少会感到一些反感，这些反感有时会以某种形式表现出来，有时也会隐藏在客户的心里，成为与客户沟通过程中的最大屏障。那么，是什么原因引起的这种情况呢？面对这种情况该怎么处理呢？相信这本书的 55 个技巧对于需要与客户沟通的人将会非常有用，它对于我们与客户将是一个全新的桥梁。

作　者：姜登波　李华

定　价：32.00 元

出版社：中国物资出版社

《赢在管理》内容简介

本书通过对企业管理深入地剖析、分解，找出企业管理误区，并针对企业管理容易疏漏的地方进行填补，是每个企业管理人员手中的指南针，能够帮助迷途创业的人员找到扎营的地点。书内所阐述的问题新锐、真实，解决方法快速、简便，是现代企业领导者所不能缺少的良师益友，能够教导企业领导者如何做“泥菩萨过河，有招可取”的智人。

作　者：文征

定　价：28.00 元

出版社：中国物资出版社

《做世界上最优秀的员工》内容简介

世界 500 强企业集聚了世界上最优秀的人才。你想成为世界 500 强企业中的一员吗？你想知道世界 500 强企业最欢迎什么样的员工吗？你想知道为什么有的员工能够进入世界 500 强企业，甚至会经常受到众多世界 500 强企业的高薪聘请吗？那么，请看本书为您提供的这 7 种工作习惯，它将为您搭建登上世界 500 强这一豪华巨轮的台阶。

作　者：邹金宏

定　价：32.00 元

出版社：中国物资出版社

《麦当劳成功的启示》内容简介

麦当劳是世界 500 强企业之一，有超过一百万的员工，已经在全球 121 个国家设有超过 31000 家快餐店。麦当劳是一个企业，也是一个王国，一个跨区域的王国。是什么原因让麦当劳如此庞大？如此成功？如此奇迹？它到底运用了什么方法？本书通过最真实的笔触，为你提供很多麦当劳成功的智慧和秘诀，使你从中获得有益的知识、借鉴和启发。

QIYE CHENGZHANGLI SHUJIA
企业成长力书架
助 力 企 业 成 长

中国财富出版社
北京联大文化 联合出品

作　者：王一恒　　**定　价：**29.80 元
出版社：中国物资出版社

《这样沟通最有效》内容简介

在与人沟通时，需多留心一下沟通技巧。对于管理者来说，掌握全方位沟通技巧就成了必修课。

本书通过轻松幽默的语言、丰富的故事，将沟通能力细化为 13 个方面，提供了一整套即学即用的管理沟通技巧。全书包括表达、倾听、反馈、批评、赞扬、说服、处理冲突、不同场合、不同对象、不同渠道等沟通技巧，教你如何选择恰当的沟通渠道和沟通方法，怎样依据沟通对象的性格类型选择沟通策略。

本书提供的全方位沟通技巧，既能让你与不同性格的下属进行有效沟通，又能确保你沟通的高效。

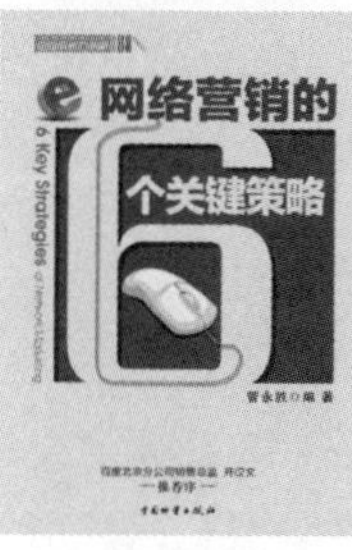

作　者：管永胜
定　价：42.00 元
出版社：中国物资出版社

《网络营销的6个关键策略》内容简介

本书作者曾任紫博蓝大客户总监，慧聪网产品总监，网罗天下广告媒介总监，《宠物世界》杂志社运营总监。

众所周知，网络已经渗透到我们工作、生活的方方面面，所以无论你作为一个企业主或从事营销相关的工作者，如果不懂得网络营销，我可以很肯定地告诉你：你失去的将是一个时代！基于此，管永胜通过十多年从事网络营销的经验和潜心研究，提出了从“网络营销”到“网络赢销”的新模式——AISCAS 模式！这一模式的提出将为你实现“网络赢销”提供新的启示。

作　者：吴永生
定　价：26.00 元
出版社：中国物资出版社

《这样授权最有效》内容简介

只有授权，才能让权力随着责任者；只有权、责对应，才能保证责任者有效地实现目标。授权不仅能调动下属积极性，也是提高下属能力的途径。

管理者一定要明白：自己的双眼永远要比双手做的事多。

本书立足于中国人思维模式，汲取西方之精华，注重实操性，让管理者即学即用。

作　者：李金玉
定　价：36.00 元
出版社：中国物资出版社

《激活你的团队》内容简介

员工激励是企业的永恒话题，更是企业长盛不衰的法宝。激励的技巧像一团云雾，很难掌握。同一个人，以同样的语速，对不同的人说同样的话，产生的影响可能是不同的。本书中，我们从 14 个方面对激励的技巧进行了全面的剖析，并且针对不同的人和企业设计了个性化的激励方案，希望能通过这些激励的技巧给企业的管理者一些启示。

QIYE CHENGZHANGLI SHUJIA
企业成长力书架
助力企业成长

中国财富出版社
北京联大文化
联合出品

作　者：王桂玲　李华　**定　价**：16.00 元

出版社：中国物资出版社

《优秀员工的 8 项修炼》内容简介

今天的成就是昨天的积累，明天的成功则依赖于今天的努力。把工作和自己的职业生涯联系起来，对自己的未来负责，学会容忍工作中的单调和压力，认识到自己所从事工作的意义和价值，就会从工作中获得成就。

作　者：梁慧

定　价：26.00 元

出版社：中国物资出版社

《品牌营销 8 大实战攻略》内容简介

无论在世界哪个角落，这些品牌都是那么的成功。他们用看似和您相同的营销方法，轻而易举地赢得了整个世界的欢迎。

这些品牌为什么能取得成功呢？这是因为他们采用了成功的品牌营销策略，品牌的成功与成功的品牌营销是分不开的。品牌营销，一个让人寄予希望的名词。可以说，成功的品牌营销策略，就是企业赢得竞争的一柄利剑。在市场竞争日益激烈的今天，如何“活学活用”这些成功企业的“不传之密”，如何在市场竞争或营销中将此剑挥洒至极佳境界，是每一个企业所迫切希望学到的。

作　者：龚俊

定　价：20.00 元

出版社：中国物资出版社

《工作无小事》内容简介

小事是过程，大事是结果。大是由小演变而来的。如果一个人一屋都不能扫，谈何扫天下。在工作中，我们只能用 100% 的激情去做 1% 的事，才能成就大事，切记，1% 的失误带来的是 100% 的失败。

作　者：张伽豪

定　价：18.00 元

出版社：中国物资出版社

《你在为谁工作》内容简介

在工作中，不管做任何事，都应将心态回归到零：把自己放空，抱着学习的态度，将每一次任务都视为一个新的开始、一段新的体验、一扇通往成功的机会之门。千万不要视工作如鸡肋，食之无味、弃之可惜，结果做得心不甘情不愿，于公于私都没有裨益。

你还是在不快乐地工作着吗？

打开这本书，让它告诉你工作的意义是什么，帮你找到工作的动力，从而带领你感受工作的乐趣所在！